《赣州市水土保持条例》
精解

张 奇 刘洪威 ◎ 编著

中国政法大学出版社

2024·北京

声　明　1. 版权所有，侵权必究。
　　　　2. 如有缺页、倒装问题，由出版社负责退换。

图书在版编目（CIP）数据

《赣州市水土保持条例》精解/张奇，刘洪威编著. —北京：中国政法大学出版社，2024.2
ISBN 978-7-5764-1295-6

Ⅰ.①赣… Ⅱ.①张… ②刘… Ⅲ.①水土保持－条例－法律解释－赣州 Ⅳ.①D927.563.232

中国国家版本馆CIP数据核字(2024)第021988号

书　名	《赣州市水土保持条例》精解
	GANZHOUSHI SHUITUBAOCHI TIAOLI JINGJIE
出版者	中国政法大学出版社
地　址	北京市海淀区西土城路25号
邮　箱	bianjishi07public@163.com
网　址	http://www.cuplpress.com（网络实名：中国政法大学出版社）
电　话	010-58908466(第七编辑部) 010-58908334(邮购部)
承　印	保定市中画美凯印刷有限公司
开　本	880mm×1230mm　1/32
印　张	7.25
字　数	180千字
版　次	2024年2月第1版
印　次	2024年2月第1次印刷
定　价	48.00元

目 录

第一章 总 则 | 001
第一条【立法目的和依据】 | 002
第二条【适用范围和调整对象】 | 010
第三条【法律原则】 | 013
第四条【政府职责】 | 018
第五条【部门职责】 | 024
第六条【基层自治组织职责】 | 030
第七条【宣传教育职责】 | 031

第二章 规划和预防 | 036
第八条【在相关规划中制定水土流失防治对策和措施】 | 036
第九条【相关区域的禁止性行为】 | 038
第十条【禁垦坡度、禁垦范围以及有关水土保持措施的规定】 | 041
第十一条【矿产资源开发中应采取的水土保持措施】 | 043
第十二条【交通工程建设中采取的水土保持措施】 | 045

第十三条【编制水土保持方案】　| 047
第十四条【分期、改建、扩建项目水土保持方案的要求】　| 053
第十五条【水土保持区域评估制度】　| 054
第十六条【"三同时"制度】　| 058
第十七条【出现停工停产等情况时应采取水土保持措施】　| 069

第三章　治　理　| 071

第十八条【综合治理】　| 071
第十九条【水土流失治理】　| 077
第二十条【生态效益补偿】　| 080
第二十一条【水土保持补偿费】　| 084
第二十二条【水土保持设施的管理与维护义务】　| 090
第二十三条【社会公众参与水土流失综合治理】　| 092

第四章　监测和监督　| 105

第二十四条【水土保持监测】　| 105
第二十五条【生产建设单位开展水土流失监测】　| 113
第二十六条【水土保持工程施工监理】　| 118
第二十七条【水土保持技术服务机构的要求】　| 133
第二十八条【行业主管部门跟踪检查】　| 140
第二十九条【违法行为纳入相关的信用记录】　| 144

第五章　法律责任　| 156

第三十条【对行政机关工作人员的处分】　| 156
第三十一条【违反第九条第一款的罚则】　| 158
第三十二条【代为治理】　| 160

第三十三条【水土流失代为处理】 | 164

第三十四条【生产建设单位违反相关规定罚则】 | 166

第三十五条【违反第二十二条第二款的罚则】 | 169

第三十六条【水土保持技术服务机构违法行为罚则】 | 171

第三十七条【特殊法有规定的优先适用特殊规定】 | 174

第六章 附 则 | 176

第三十八条【相对集中许可的特殊处理】 | 176

第三十九条【生效日期】 | 177

赣州市水土保持条例 | 179

附 录 | 189

附录一 中华人民共和国水土保持法 | 189

附录二 中华人民共和国水土保持法实施条例 | 202

附录三 江西省实施《中华人民共和国水土保持法》办法 | 208

第一章 总 则

　　总则是成文法律规范在内容和结构形式上的重要组成部分，也是核心部分或称引导部分。成文法国家的法律一般具有形式上的法律结构，但不同类型的法律又具有不同的结构形式。概言之，成文法的法律在结构形式上大致包括以下几种：一是宪法结构；二是刑法结构；三是民法结构；四是诉讼类法律或者程序类法律结构；五是行政类法律结构五种类型。作为国家最高法律效力的宪法，其结构特殊，设有序言和总纲，这是其他类型的法律在结构形式上所不具备的。行政类法律在法律结构形式上一般包括四个部分，总则、分则、罚则和附则。这是成文法国家行政法律规范普遍采用的结构形式。我国作为成文法国家，行政类法律的结构形式在整体设置上与其他成文法国家相同，即包括四个部分。《赣州市水土保持条例》基本上也是遵循这一法律结构形式。我国行政类法律的总则一般规范法律的核心问题，诸如立法目的、法律的适用范围、基本管理方针或者基本原则（有的称为行为原则）、政府及其部门的管理职责即管理体制、核心管理制度、主要激励机制或者扶持政策等内容，少数行政类法律根据实际需要设有涉外的规范内容。

　　本章为总则，共有七条，分别规定了立法目的、适用范围、基本原则、政府及其职能部门的职责、基层政权的协助义务、自治组织的义务以及全面水土保持意识的培养。

第一条【立法目的和依据】

为了预防和治理水土流失，保护和合理利用水土资源，改善生态环境，促进生态文明建设，保障经济社会可持续发展，根据《中华人民共和国水土保持法》《江西省实施〈中华人民共和国水土保持法〉办法》等有关法律、法规的规定，结合本市实际，制定本条例。

【条文释义】

本条规定了立法目的和立法依据。

立法目的是成文法的首要内容，一般规定在法律的第一条中。它既表明一部法律的立法宗旨，也体现法律的核心规范内容。立法目的，是立法者通过制定法律文本，意图有效地调控社会关系的内在动机，它既是法律创制也是法律实施的内在动因，如定分止争、令人知事、禁奸止暴、社会控制、保护自由、促进社会正义、尊重和保障人权、确认、保护和发展有利于统治阶级（或人民）的社会关系和社会秩序，等等。[1]但每一个法律文本在各种宏大的目的之下，也都有各自特殊的目标预设与价值定位，这都集中体现于立法目的条款。

本条的立法目的在于以下几个方面：

一、预防和治理水土流失

（一）我国水土流失治理取得的成就

新中国成立以来，党和政府领导人民群众开展了大规模的水土

---

[1] 刘风景：《立法目的条款之法理基础及表述技术》，载《法商研究》2013 年第 3 期。

流失综合防治，取得了举世瞩目的成就。[1]

2022年持续开展全覆盖全国水土流失动态监测。据监测，全国共有水土流失面积265.34万平方公里。其中，水力侵蚀面积109.06万平方公里，占水土流失总面积的41.10%；风力侵蚀面积156.28万平方公里，占水土流失总面积的58.90%。全国水土保持率达到72.26%。组织完成东北黑土区侵蚀沟调查，掌握东北黑土区侵蚀沟数量和分布。

2022年全面加强生产建设项目人为水土流失监管。各级水行政主管部门共审批生产建设项目水土保持方案9.52万个，涉及水土流失防治责任范围3.06万平方公里；水利部组织开展覆盖全国范围的生产建设项目水土保持遥感监管，认定查处违法违规项目1.46万个；七个流域管理机构对377个在建部批水土保持方案的生产建设项目进行了监督检查；地方各级水行政主管部门对14.99万个生产建设项目进行了监督检查。2022年国家水土保持重点工程安排中央资金83亿元，下达水土流失治理任务1.31万平方公里。其中，小流域水土流失综合治理工程综合治理水土流失面积1.23万平方公里；东北黑土区侵蚀沟治理工程治理侵蚀沟2067条；坡耕地水土流失综合治理工程综合治理坡耕地水土流失面积82.94万亩；淤地坝工程新建大型坝153座、中型坝98座；粗泥沙集中来源区拦沙工程新建中型坝114座、小型坝425座；病险淤地坝除险加固工程除险加固大型坝216座、中型坝406座；沙棘生态减沙工程营造沙棘林32.4万亩。

林草植被覆盖逐步增加，生态环境明显趋好。坚持山水田林路统一规划，多部门协调合作，通过大面积封育保护、造林种草、退

---

[1]《全国水土保持规划（2015-2030年）》。

耕还林还草、退化草场治理等植被建设与恢复措施，林草植被面积大幅增加，森林覆盖率达到21.63%，林草覆盖率达到45%，生态环境明显趋好。经过20年的重点治理，长江流域的金沙江下游及毕节地区、嘉陵江中下游、陇南陕南地区、三峡库区等林草覆盖率提高了约30%，荒山荒坡面积减少了70%。黄河粗泥沙集中来源区已有一半区域实现由"黄"转"绿"，植被覆盖率普遍增加了10%~30%，局部区域增加了30%~50%；京津风沙源治理一期工程实施12年来，累计完成退耕还林还草和造林752万公顷，草地治理933万公顷，森林覆盖率提高到15%以上。

蓄水保土能力不断提高，减沙拦沙效果日趋明显。通过合理配置水土保持措施，蓄水保土能力不断提高，土壤流失量明显减少，有效拦截了进入江河湖库的泥沙，延长了水库等水利基础设施的使用寿命。据统计与测算，全国现有水土保持措施每年可减少土壤流失量为15亿吨。黄河上中游地区采取淤地坝、坡改梯等综合治理措施，年均减少入黄泥沙约4亿吨；长江中上游水土保持重点防治工程已治理水土流失面积约8万平方公里，土壤蓄水能力增加20多亿平方米。丹江口库区及上游水土保持一期工程累计治理水土流失面积1.45万平方公里，项目区年均保土能力达到近5000万吨，蓄水能力达到4.3亿平方米，年均减少进入丹江口水库泥沙达2000万吨以上。

水源涵养能力日益增强，水源地保护初显成效。近年来，通过在江河源头区采取预防保护、草场建设与管理措施，在水源涵养功能区实施天然林保护、退耕还林还草、营造水源涵养林，同时在重要水源地开展清洁小流域建设，水源地保护初显成效，水源涵养与水质维护能力日益增强。据测算，全国梯田、坝滩地、乔木林、灌木林、经济林、人工种草等水土保持措施累计保水量为6604亿平方米，年均 120 亿平方米。丹江口库区及上游水土保持一期工程完成后，水源涵养能力进一步增强，进入水库的面源污染物明显减少，据陕西省水文局 7 个水质监测断面分析，汉江、丹江年度水质基本稳定在Ⅱ类或优于Ⅱ类。

（二）我国目前水土流失现状

我国疆域广阔，地形起伏，山区约占全国陆地面积的三分之二。复杂的地质构造、多样的地貌类型、暴雨频发的气候特征、密集分布的人口及生产生活的影响，导致水土流失类型复杂、面广量大，成为我国重大的环境问题。

我国水土流失面广量大，侵蚀严重。据第一次全国水利普查成果，我国现有水土流失面积为 294.91 万平方公里，占国土总面积的 30.72%。同时，大规模开发建设导致的人为水土流失问题仍十分突出。严重的水土流失，是我国生态恶化的集中反映，威胁国家生态安全、饮水安全、防洪安全和粮食安全，制约山丘区经济社会发展。

（三）赣州市水土流失现状

赣州市地处群山环绕的内陆地区，地形以山地、丘陵为主，其中山地丘陵面积超过 3.2 万平方公里，占全市土地总面积的 83%，生态环境脆弱，水土流失隐患较大。截至 2018 年全市水土流失面积为 7816.67 平方公里，占全国水土流失面积的 0.27%，占全省水土流失面积的 29%，水土流失问题成为制约赣州市经济社会发展的重要因素，是赣州市需要解决的重大生态环境问题。

近年来，随着赣州市林果开发和生产建设项目呈爆发式增长，人为造成水土流失的情况越来越多，水土流失防控任务异常繁重。在实际工作中，一些地方政府、部门和生产建设项目单位对水土资源的保护、开发和利用的重要性、必要性、紧迫性认识不够，致使在林果开发和项目建设过程中，造成生态破坏、水土流失严重。为了解决这一系列问题，需要从法律层面明确各级政府、生产建设项目主管部门及项目建设单位和个人的水土流失防控责任。

水土保持是我国生态文明建设的重要组成部分，是江河治理的根本，是山丘区小康社会建设和新农村建设的基础工程，事关国家生态安全、防洪安全、饮水安全和粮食安全。因此为了全面推进新时代水土保持工作法治化进展，落实《中华人民共和国水土保持法》（以下简称《水土保持法》）和《江西省实施〈中华人民共和国水土保持法〉办法》，制定《赣州市水土保持条例》显得尤为必要。

二、保护和合理利用水资源

水是生命之源，土是万物之本，水土资源是人类赖以生存和发展的基础性资源。我国水土资源绝对量大、相对量少、后备严重不足，时空分布不均衡、利用难度较大。保护和合理利用水土资源，对于有效防治水土流失，维护和提高区域水土保持功能，保护和改善生态环境具有重要意义。保护和合理利用水土资源，关键是要改变落后、粗放和无节制的利用方式，摒弃重开发、轻保护，重眼前、轻长远的传统观念和做法，坚持保护与开发相结合，实现水土资源的可持续利用。

三、改善生态环境

生态环境是指影响人类生存与发展的水资源、土地资源、生物资源以及气候资源数量与质量的总称，是关系社会和经济持续发展的复合生态系统。生态环境问题是指人类为其自身生存和发展，在利用和改造自然的过程中，对自然环境破坏和污染所产生的危害人类生存的各种负面效应。

水土流失破坏了土地资源，造成土地退化，降低水源涵养能力，大量泥沙淤积江河湖库，加剧水、旱、风沙灾害，恶化生态环境。只有有效防治水土流失，才能从源头上减少水、旱、风沙灾害发生的频率，降低危害程度，达到维护和改善生态环境的目的。

四、促进生态文明建设

党的十八大以来，以习近平同志为核心的党中央，秉持人与自然和谐共生理念，把生态文明建设摆到了治国理政的突出位置，[1]纳入"五位一体"总体布局和"四个全面"战略布局。2018年将"生态文明"加入宪法。这些举措昭示了我们党加强生态文明建设的坚定意志和坚强决定。2013年习近平在中央政治局第六次集体学习时强调，"保护生态环境必须依靠制度、依靠法治。只有实行最严格的制度、最严密的法治，才能为生态文明建设提供可靠保障"。[2]这表明，生态文明建设纳入法治化轨道，运用法治思维和法治方式推进生态文明建设实践，已经成为党重构经济社会发展与资源环境关系、解决人与自然和谐共生问题的基本立场和主要方法。[3]

生态文明，是指人类遵循人、自然、社会和谐发展这一客观规律而取得的物质与精神成果的总和；是指以人与人、人与自然、人与社会和谐共生、良性循环、全面发展、持续繁荣为基本宗旨的文化伦理形态。

生态文明是人类文明的一种形态，它以尊重和维护自然为前

---

〔1〕 赵成：《改革开放以来中国生态文明制度建设的政治与立法实践》，载《哈尔滨工业大学学报（社会科学版）》2020年第3期。

〔2〕 中共中央文献研究室：《习近平关于社会主义生态文明建设论述摘编》，中央文献出版社2017年版，第99页。

〔3〕 丁国峰：《十八大以来我国生态文明建设法治化的经验、问题与出路》，载《学术界》2020年第12期。

提,以人与人、人与自然、人与社会和谐共生为宗旨,以建立可持续的生产方式和消费方式为内涵,以引导人们走上持续、和谐的发展道路为着眼点。生态文明强调人的自觉与自律,强调人与自然环境的相互依存、相互促进、共处共融,既追求人与生态的和谐,也追求人与人的和谐,而且人与人的和谐是人与自然和谐的前提。可以说,生态文明是人类对传统文明形态特别是工业文明进行深刻反思的成果,是人类文明形态和文明发展理念、道路及模式的重大进步。

就我国而言,生态文明建设是一项复杂庞大的社会系统工程,遏制人与自然关系持续恶化态势,促进人与自然和谐发展、共生共荣必须站在中华民族永续发展的战略高度,树立资源忧患意识和环境危机意识,构建法治化的智力框架和路径,通过法治手段不断推进国家治理体系和治理能力的现代化。[1]依法治理水土流失,减少自然灾害造成的损失,才能达到保护生态环境的目的。

五、保障经济社会持续发展

可持续发展,是指既满足当代人需要又不危及后代人满足其需要的能力的发展,强调的是环境与经济的协调,追求的是人与自然的和谐,其实质就是经济的发展应当建立在生态持续能力的基础之上。

在早期的环保活动中,人们往往单纯依靠技术手段解决环境问题,即通过技术进步对因经济发展造成的环境损害进行治理,从而达到保护环境的目的。这一方法由于成本代价高昂,往往不易得到企业界的支持,因而环境保护事业发展缓慢。20世纪70年代后,

---

〔1〕 肖金明:《全面依法治国:在制度与治理之间》,载《人民论坛》2019年第23期。

在关于经济增长和环境保护的关系的辩论中，萌发和形成了可持续发展的理念。1980年联合国呼吁，必须研究自然的、社会的、生态的、经济的以及自然资源利用过程中的基本关系，确保全球的持续发展。1983年，应联合国秘书长的要求，联合国发起成立了关系地球问题的世界环境与发展委员会。1987年，该委员会出版了关于环境与发展问题的报告即《我们的未来》，首次提出了"可持续发展"的概念。该报告对可持续发展的定义是"既满足当代的需要，又不对后代人满足其需要的能力构成危害的发展"。其中表达了两个观点：一是人类要发展，尤其是世界贫困人民要发展；二是发展要有限度，不能危及后代人的发展。该报告还提出，当代存在的发展危机、能源危机、环境危机都不是孤立发展的，而是传统发展战略造成的，要解决人类面临的各种危机，只有改变传统的发展方式，实施可持续发展战略。联合国环境与发展大会在1992年《里约热内卢宣言》中，对可持续发展作了进一步的阐述，即"人类应享有与自然和谐的方式过健康而富有成果的生活的权利，并公平地满足今世后代在发展和环境方面的需要"。可持续发展战略思想后来逐渐被世界各国普遍接受。

  党的十八大以来，党中央坚持可持续发展道路，并在此基础上提出了新的发展理念。生态文明建设思想的提出，是将环境问题从可持续发展战略高度，进一步上升为哲学、意识形态的高度，上升为思想、文化的高度。特别是把环境问题与政治、经济、社会、文化等事业紧密联系起来，从中国特色社会主义"五位一体"的高度去重视环境问题，通过把生态文明建设置于政治、经济、社会、文化各项事业的突出位置，从根本上解决环境问题、解决人与自然的问题、解决可持续发展问题。生态文明建设思想的提出是对可持续发展战略思想的进一步升华。

实现经济社会全面协调可持续发展的一个重要途径，就是在生态文明建设思想的指引下，把环境保护、水土保持纳入综合决策，转变传统的经济增长模式。不断完善水土保持法律法规，建立健全水土保持的各项制度，依法坚定地预防和治理水土流失，必将有利于促进经济和社会全面协调可持续发展战略的全面实施。

第二条【适用范围和调整对象】

在本市行政区域内开展水土保持工作，或者从事可能造成水土流失的自然资源开发利用、生产建设及其他活动，适用本条例。

【条文释义】

一、本条例的适用范围

法律的适用范围，也称法律的效力范围。包括法律的时间效力，即法律从什么时候开始发生效力和什么时候失效；法律的空间效力，即法律适用的地域范围；法律对人的效力，即法律对什么人（具有法律关系主体资格的自然人、法人和其他组织）适用。

关于本条例的时间效力第38条有明确规定，自2020年8月1日生效。2015年《中华人民共和国立法法》经过修改，将原来享有地方立法权的49个较大的市，扩大到所有设区的市，并将《中华人民共和国立法法》中的"较大的市"改为"设区的市"，规定"设区的市的人民代表大会及其常务委员会根据本市的具体情况和实际需要，在不同宪法、法律、行政法规和本省、自治区的地方性法规相抵触的前提下，可以对城乡建设与管理、生态文明建设、历史文化保护、基层治理等方面的事项制定地方性法规，法律对设区的市制定地方性法规的事项另有规定的，从其规定。设区的市的地方性法规须报省、自治区的人民代表大会常务委员会批准后施行。

省、自治区的人民代表大会常务委员会对报请批准的地方性法规，应当对其合法性进行审查，认为同宪法、法律、行政法规和本省、自治区的地方性法规不抵触的，应当在四个月内予以批准。"因此，虽然本条例在 2020 年 4 月 21 日得到通过，但根据《中华人民共和国立法法》的规定，设区的市人大及其常委会制定的地方性需要得到省级人大常委会批准后才能生效。同年 5 月 14 日江西省人大常委会批准该法规后生效。

关于本条例的空间效力，根据《中华人民共和国立法法》第 83 条第 1 款规定，地方性法规的效力局限于制定者行政区域内，不具有全国范围内的普遍适用效力。

至于本条例适用的主体范围，包括一切从事水土保持活动的单位或者个人。单位包括我国法人和其他组织，或者外资企业以及其他组织。个人既可以是中国公民，也可以是外国人。上述主体在赣州行政区域内从事与水土流失预防和治理相关的所有活动，都必须遵守本条例的规定。

二、本条例的调整对象

关于本条例的调整对象，包括以下几个方面：

(一) 开展水土保持工作

根据《水土保持法》第 2 条规定，水土保持是指对自然因素和人为活动造成水土流失所采取的预防和治理措施。

自然因素是指水力、风力、重力及冻融等侵蚀营力。这些营力造成的水土流失分为水力侵蚀、风力侵蚀、重力侵蚀、冻融侵蚀和混合侵蚀。水力侵蚀是指土壤及其母质在降雨、径流等水体作用下，发生解体、剥蚀、搬运和沉积的过程，包括面蚀、沟蚀等。风力侵蚀是指风力作用于地面而引起土粒、沙粒飞扬、跳跃、滚动和堆积的过程。沙尘暴是风力侵蚀的一种极端表现形式。重力侵蚀是指土壤及其母质或基岩在重力作用下，发生位移和堆积的过程，包括崩塌、泄流和滑坡等形式。冻融侵蚀是指土体和岩石经反复冻融作用而破碎、发生位移的过程。混合侵蚀是指在两种或两种以上营力共同作用下形成的一种侵蚀类型，如崩岗、泥石流等。

水土保持是防治水土流失，保护、改良和合理利用水土资源，建立良好生态环境的工作。运用农、林、牧、水利等综合措施，如修筑梯田，实行等高耕作、带状种植，进行封山育林、植树种草，以及修筑谷坊、塘坝和开挖环山沟等，借以涵养水源，减少地表径流，增加地面覆盖，防止土壤侵蚀，促进农、林、牧、副业的全面发展。对发展山丘区和风沙区的生产和建设、减免下游河床淤积、削减洪峰、保障水利设施的正常运行和保证交通运输、工矿建设、城镇安全，具有重大意义。水土保持是山区发展的生命线，是国土整治、江河治理的根本，是国民经济和社会发展的基础，是我们必须长期坚持的一项基本国策。

人为活动造成的水土流失，是指由人类活动，如开矿、修路、工程建设以及滥伐、滥垦、滥牧、不合理耕作等造成的水土流失。

水土保持的措施主要包括工程措施、生物措施和蓄水保土耕作措施。（1）工程措施是指为防治水土流失危害，保护和合理利用水土资源而修筑的各项工程设施，包括治坡工程（各类梯田、台地、水平沟、鱼鳞坑等）、治沟工程（如淤地坝、拦沙坝、谷坊、沟头防护等）和小型水利工程（如水池、水窖、排水系统和灌溉系统等）。（2）生物措施是指为防治水土流失，保护与合理利用水土资源，采取造林种草及管护的办法，增加植被覆盖率，维护和提高土地生产力的一种水土保持措施。主要包括造林、种草和封山育林、育草。（3）蓄水保土耕作措施是指以改变坡面微小地形，增加植被覆盖或增强土壤有机质抗蚀力等方法，保土蓄水，改良土壤，以提高农业生产的技术措施。如等高耕作、等高带状间作、沟垄耕作少耕、免耕等。开展水土保持，就是要以小流域为单元，根据自然规律，在全面规划的基础上，因地制宜、因害设防，合理安排工程、生物、蓄水保土三大水土保持措施，实施山、水、林、田、路综合治理，最大限度地控制水土流失，从而达到保护和合理利用水土资源的目的，实现经济社会的可持续发展。因此，水土保持是一项适应自然、改造自然的战略性措施，也是合理利用水土资源的必要途径；水土保持工作不仅是人类对自然界水土流失原因和规律认识的概括和总结，也是人类改造自然和利用自然能力的体现。三种类型的水土保持措施在本条例第二章、三章都有相关规定。

（二）从事可能造成水土流失的自然资源开发利用、生产建设及其他活动

如上所述，水土流失的一个重要因素就是人为因素，因此为了预防和治理人为因素造成的水土流失，有必要对这些人为因素（如开矿、果木种植等活动）进行规范。

第三条【法律原则】

水土保持工作实行预防为主、保护优先、全面规划、综合治理、因地制宜、突出重点、科学管理、注重效益的方针，坚持谁开发利用水资源谁负责保护、谁造成水土流失谁负责治理的原则。

【条文释义】

本条是关于赣州市水土保持工作基本原则的规定。

法律原则是指作为法律规则的基础或本源的综合性、稳定性原理和准则。法律原则的特点是不预先设定确定的、具体的事实状

态，没有具体的权利和义务，更没有确定的法律后果。但是它指导和协调着全部社会关系或者某一领域的社会关系的法律调整机制。尤其是处理重大、复杂疑难案件时，执法机关和司法机关需要互相平衡或者重叠或者冲突的利益，为案件寻找合法的解决办法，因此，原则是十分必要的。[1]在法的体系中，原则的优点和独特功能：第一，较宽的覆盖面。每一原则都是在广泛的社会生活和社会关系中抽象出来的标准，它所涵盖的社会生活和社会关系比一般规则要丰富得多。第二，宏观指导。它在较大的范围和较长的过程中对人们的行为有方向性指导作用。第三，稳定性强。这种稳定性有助于维护社会生活和社会关系的相对稳定。

水土保持工作方针是指导水土保持工作开展的总则，涵盖水土保持工作的全部内容，具有提纲挈领、全面指导工作实践的作用，在某一具体工作中找不到对应条款时，可适用水土保持工作方针来予以解决。本条例规定的水土保持工作基本方针体现了以下几个层次的含义：

第一，预防为主、保护优先为第一层次，体现的是预防保护在水土保持工作中的重要地位和作用，即在水土保持工作中，首要的是预防产生新的水土流失，要保护好原有植被和地貌，把人为活动产生的新的水土流失控制在最低程度，不能走先破坏后治理的老路。保护优先是生态文明建设规律的内在要求，就是要从源头上加强生态环境保护和合理利用资源，避免水土流失。预防是指人类活动可能导致水土流失时，应当事先采取预测、分析和防范措施，以避免、减少由此带来的水土流失。本条例规定的许多制度体现了预防为主的原则，如第 9 条规定的禁止在重点区域取土、挖砂、采石以及新开垦种植脐橙、油茶等经济林等活动，第 10 条规定的禁止

---

〔1〕 张文显主编：《法理学》，高等教育出版社 2011 年版，第 41-42 页。

在二十五度以上的陡坡地开垦种植农作物或者全垦造林以及采取修建水平梯田、坡面水系整治、蓄水保土耕作等水土保持措施、三同时制度，等等。

第二，全面规划、综合治理为第二个层次，体现的是水土保持工作的全局性、长期性、重要性和水土流失治理措施的综合性。对水土流失防治工作必须进行全面规划，统筹预防和治理、统筹治理的需要与投入的可能、统筹各区域的治理需求、统筹治理的各项措施。对已经发生水土流失的治理，必须坚持以小流域为单位，工程措施、生物措施和农业技术措施优化配置，山水田林路村综合治理，综合运用法律、经济、行政等手段，从发展规划、行业管理、安全投入、科技进步、经济政策、教育培训、安全文化以及责任追究等方面，建立水土流失治理的长效机制。综合治理具体表现在以下方面：一是水、土等环境要素的治理要统筹考虑；二是综合运用各种手段治理环境；三是形成行政主管部门统一监督管理，各部门分工负责，企业承担社会责任，公民提升水土保持意识，社会积极参与的齐抓共管的水土保持格局；四是加强跨行政区域的水土流失治理，由点上的管理扩散到面上的联防联治。本条例第5条对水土保持工作监管职责的划定、村基层自治组织协助职责以及政府宣传教育、全社会水土保持意识形成、水土保持宣传周设立以及本条例第三章规定政府的综合治理方针、建设单位的治理措施、跨区域的生态补偿、公众参与等都体现了全面规划、综合治理的方针。

第三，因地制宜、突出重点为第三个层次，体现的是水土保持措施要因地制宜，防治工程要突出重点。水土流失治理，要根据各地的自然和社会经济条件，分类指导，科学确定当地水土流失防治工作的目标和关键措施。

就全国来看，黄土高原区区内水土流失严重，泥沙下泄影响黄河下游防洪安全。坡耕地多，水资源匮乏，农业综合生产能力较低。部分区域草场退化沙化严重。能源开发引起的水土流失问题十分突出。对此措施配置应以坡面修复和沟道淤地坝为主，加强基本农田建设，荒山荒坡和退耕的陡坡地开展生态自然修复，或营造以适生灌木为主的水土保持林。

长江上游及西南诸河区区内人多地少，坡、耕地广布，水电、石油、天然气和有色金属矿产等资源开发强度大，水土流失严重，山地灾害频发，是长江泥沙的策源地之一。对此采取的措施主要是加强以坡、耕地改造及坡面水系工程配套为主的小流域综合治理，巩固退耕还林还草成果。实施重要水源地和江河源头区预防保护，建设与保护植被，提高水源涵养能力，完善长江上游防护林体系。积极推行重要水源地清洁小流域建设，维护水源地水质。防治山洪灾害，健全滑坡泥石流预警体系。加强水电资源开发及经济开发区的水土保持监督管理。

东北黑土区由于森林采伐、大规模垦殖等历史原因导致森林后备资源不足、湿地萎缩、黑土流失。治理措施应以漫川漫岗区的坡耕地和侵蚀沟治理为重点，加强农田水土保持工作，实施农林镶嵌区退耕还林还草和农田防护、西部地区风蚀防治，强化自然保护区、天然林保护区、重要水源地的预防和监督管理。

西南岩溶区区内岩溶石漠化严重，耕地资源短缺，陡坡耕地比例大，工程性缺水严重，农村能源匮乏，贫困人口多，山区滑坡、泥石流等灾害频发，水土流失问题突出。采取的措施主要包括改造坡耕地和建设小型蓄水工程，强化岩溶石漠化治理，保护耕地资源，提高耕地资源的综合利用效率。注重自然修复，推进陡坡耕地退耕，保护和建设林草植被、防治山地灾害、加强水电、矿产资源开发的水土保持监督管理。

青藏高原区区内地广人稀，冰川退化，雪线上移，湿地萎缩，植被退化，水源涵养能力下降，自然生态系统保存较为完整但极为脆弱。采取的处置措施主要是维护独特的高原生态系统，加强草场和湿地的保护，治理退化草场，提高江河源头区水源涵养能力，综合治理河谷周边水土流失，促进河谷农业生产。

赣南属于南方红壤区区内人口密度大，人均耕地少，农业开发程度高，山丘区坡耕地及经济林和速生丰产林林下水土流失严重，局部地区存在侵蚀劣地和崩岗，水网地区存在河岸坍塌、河道淤积、水体富营养化等问题。因此，需加强山丘区坡耕地改造及坡面水系工程配套，控制林下水土流失，开展微丘岗地缓坡地带的农田水土保持工作，实施侵蚀劣地和崩岗治理，发展特色产业。保护和建设森林植被，提高水源涵养能力，推动城市周边地区清洁小流域建设。加强城市、经济开发区及基础设施建设的水土保持监督管理。

第四，科学管理、注重效益为第四个层次，体现的是对水土保持管理手段和水土保持工作效果的要求。随着现代化、信息化的发展，水土保持管理也要与时俱进，引入现代管理科学的理念和先进技术手段，促进水土保持由传统向现代的转变，提高管理效率。主要效益是水土保持工作的生命力。水土保持效益主要包括生态、经济和社会三大效益。

第五，谁开发利用水土资源谁负责保护、谁造成水土流失谁负责治理，即损害担责、"污染者付费"原则。人为因素是造成水土流失的重要原因，这些人为因素的实施者必然要为其承担责任，也就是"污染者付费"原则在水土保持工作中的体现。国际上最早提出的"污染者付费"原则是污染环境造成的损失及其费用由排污者承担。该原则在1972年由经济合作与发展组织提出，后被各国广泛接受。该原则的理论依据是经济学上的"外部性"理论，是指一个人或者一群人的行动和决策使另一个人或者另一群人受损或受益的情况。外部性包括正面影响和负面影响。环境问题是负面影响的典型例子，如一个小电镀企业偷排污水，造成水体污染，在没有被发现的情况下，非法所得归小电镀企业，而水体损害的成本却由社会承担。这种"只受其利，不受其害"的做法显然缺乏合理性。应当通过法律规范，让"外部成本""内部化"（成本由生产经营者承担），迫使生产经营者采取有效措施减少污染。当然"污染者付费"原则有其局限性，一是主体限于污染者，二是承担责任方式限于支付排污费。一些国家已经开始对该原则进行修改，如日本提出了"原因者负担"原则，谁造成了必须采取一定措施才能解决的环境问题，即引发了原因，谁就必须承担采取防止措施和事后措施的责任及承担其必要费用的责任。本条例第二章中规定了开发建设单位必须采取措施防止水土流失，第三章中同时规定了开办生产建设单位造成水土流失的应当采取水土保持措施进行治理，如果不能恢复原有水土保持功能的，应当依法缴纳水土保持补偿费，专项用于水土流失预防和治理。

第四条【政府职责】

市、县级人民政府应当加强对水土保持工作的统一领导，将水土保持工作纳入本级国民经济和社会发展规划，对水土保持规划确定的任务，安排专项资金，并组织实施。

乡（镇）人民政府、街道办事处负责做好本辖区内水土流失防治工作，应当明确水土保持工作的管理机构及人员，及时向县级水行政主管部门报告水土流失隐患、危害，依法制止并配合相关部门调查处理水土保持违法行为。

各级人民政府实行水土保持目标责任制和考核奖惩制度,将水土保持工作纳入生态文明建设内容。

【条文释义】

本条规定了各级政府在水土保持工作中的职责以及目标责任制和考核奖惩制度。政府职责划分是保证法律有效实施的基础,没有政府及其部门的执法,法律难以贯彻实施,法律的强制力也难以完整体现。因此,行政类的法律一般都要有政府职责划分的规定。

一、地方政府的水土保持职责

本条第1款、第2款是政府环境质量责任的具体规定,同时也是《中华人民共和国环境保护法》第6条第2款"地方各级人民政府应当对本行政区域的环境质量负责"在水土保持领域中的具体体现。地方政府之所以要对环境质量负责主要是因为:(1)市场失灵。通常情况下,市场对配置资源是有效率的,但对于公共产品,市场配置往往是失灵的,"公地悲剧"由此产生。环境是典型的公共产品,政府作为公共物品的管理者应当对环境质量负责。(2)环境质量的特性。一方面,环境质量通常是由大气、水、生物、土壤等自然要素在一定时期内的综合作用所决定的;另一方面,环境质量是由产业结构、能源结构、人口结构等经济社会因素所决定的。由于影响环境质量的因素具有上述复杂性,能够承担起统筹协调各种资源、综合治理、改善环境质量的责任,除政府以外没有其他主体。

另外,地方政府对环境质量负责也是《中华人民共和国宪法》第26条"国家保护和改善生活环境和生态环境,防治污染和其他公害"在行政管理法律方面的具体体现。

就水土保持工作而言,水土保持事关国计民生,地方各级政府应对该项工作负责。珍贵而近于不可再生的土壤资源是生态系统的基础，是农业文明的基础，也是人类赖以生存的基础。水土流失及水土保持状况是衡量区域经济社会可持续发展的重要指标。防止水土流失，保护水土资源对人类可持续发展起着关键性作用。水土保持是可持续发展的重要内容，是促进人与自然和谐发展的重要途径，是中华民族生存发展的长远大计，是我们必须长期坚持的一项基本国策。水土保持的艰巨性、长期性、广惠性和公益性，决定了水土保持任务的落实不能完全依靠和运用市场经济机制进行，而必须发挥政府的组织引导作用，通过运用经济、技术、政策和法律、行政等各种手段，组织和调动社会各方面力量，完成水土保持规划确定的目标和任务。几十年的实践充分证明，要搞好水土保持工作，必须依靠各级人民政府的高度重视，并列入政府重要工作事项，加强组织领导，加强宏观调控，各部门协调配合，制定和落实各项方针政策，充分发挥国家、单位和广大群众的积极性，才能真正取得成效。

当然，本条例在授予政府水土保持职责的同时，也是对其责任的规定。要解决水土流失问题，当前迫切的就是要依法加大对政府的问责力度，这不仅是防治水土流失的需要，同时也是建设法治政府的要求。因此，必须在法律上强化地方政府的责任，对地方政府提出更具体、更明确的目标。本条第 1 款、第 2 款是水土保持条例强化政府责任的主要体现之一。

二、纳入国民经济和社会发展规划是落实政府水土保持职责的具体体现

国民经济和社会发展规划是全国或者某一地区经济、社会发展的总体纲要，是具有战略意义的指导性文件。国民经济和社会发展规划统筹安排和指导全国或某一地区的社会、经济、文化建设工

作。我国的市场经济体制尚处于不断健全和完善的过程中，在发挥市场对资源配置的基础性作用的同时，政府对经济活动还保持着强有力的干预和指导，而国民经济和社会发展规划正是我国政府调节市场经济和促进社会发展的一个重要手段，对于我国社会经济的发展作用巨大。由于我国过去一直把经济增长作为规划的出发点，国民经济和社会发展规划往往侧重于经济方面，有关经济结构、产业发展的内容过多，而较少考虑经济活动、产业发展所产生的环境影响。然而随着经济的快速发展，我国国民经济正面临着越来越多的资源和环境压力。党的十八大以来，明确了未来发展的发展理念，为未来的国民经济和社会发展规划确定了更为科学的发展方向。

国民经济和社会发展规划具有权威性和严肃性的法律文件，必须保障实施。规划一经权力机关通过后就要严格执行，各部门、地方各级政府要协调配合，保证规划的完成。规划的制定者和执行者还要就规划的执行情况向本地区的权力机关报告。将水土保持工作纳入国民经济和社会发展规划，并在财政预算中安排水土保持专项资金是确保水土保持规划实施的重要前提条件，只有这样该项工作才有了强有力的保障。各级政府每5年一次制定的国民经济和社会发展规划，主要阐述本级政府的发展战略，明确本级政府五年内的工作重点，是本阶段当地经济社会发展的蓝图，是当地各项工作的纲领，是政府履行经济调节、市场监管、社会管理和公共服务的重要依据。因此，在各地人民政府每5年一次的规划中，应当包括水土保持工作的任务和具体指标，将水土保持工作与当地经济社会发展有机地结合起来。

根据全国水土保持区划三级区划成果，江西省共划分为7个分区，赣州市行政范围涉及赣南山地土壤保持区、南岭山地水源涵养保土区和岭南山地丘陵保土水源涵养区。在此基础上赣州市根据地域特征，全市划分为赣州东北部山地土壤保持区、赣州西部山地水源涵养保土区和赣州南部山地丘陵保土水源涵养区。2021年1月20日通过的《中共赣州市委关于制定全市国民经济和社会发展第十四个五年规划和二〇三五年远景目标的建议》中明确要求，赣州市要筑牢我国南方地区重要生态屏障。

坚持"绿水青山就是金山银山"理念，坚定不移走生态优先、绿色发展之路，守住自然生态安全边界。统筹山水林田湖草等各种生态要素协同治理，打造以废弃矿山生态修复、南方地区崩岗治理、多层次流域生态补偿为特色的生命共同体示范区。加强江河源头保护和江河综合整治，继续实施东江流域上下游横向生态补偿、低质低效林改造、水土流失治理、生态湿地保护等重大生态建设工程。

三、建设和完善政府目标责任制是强化政府水土保持职责的重要保障

水土保持职责目标责任制是环境保护目标责任制在特殊领域中的体现。环境保护目标责任制，是在1983年第二次全国环境保护工作会议后，在地方开展起来的一项把环境保护的任务定量化、指标化，并层层落实的管理措施，其在1989年第三次全国环境保护会议被确定为八项基本环境管理制度主义。1996年发布的《国务院关于环境保护若干问题的决定》强调要"明确目标，实行环境质量行政领导负责制"，并规定"地方各级人民政府对本辖区环境质量负责，实行环境质量行政领导负责制，要将辖区环境质量作为考核政府主要领导人工作的重要内容"。2005年发布的《国务院关于落实科学发展观加强环境保护的决定》也提出要加强对环境保护工作的领导，落实环境保护领导责任制，把环境保护纳入领导班子和领导干部考核的重要内容，并将考核情况作为干部选拔任用和奖惩

的依据之一。2006年中组部印发了《体现科学发展观要求的地方党政领导班子和领导干部综合考核评价试行办法》,将环境保护正式列入党政干部考核体系的考核内容。

《国家生态文明试验区(江西)实施方案》中明确要构建全过程的生态文明绩效考核和责任追究制度体系,要进一步提升生态文明绩效考核责任追究制度体系的科学性、完整性和可操作性,完善各考核评价体系的标准衔接、结果运用、落实责任制,引导各级党政机关和领导干部树立绿色政绩观。为此,2017年在中共中央办公厅、国务院办公厅印发的《生态文明建设目标评价考核办法》的基础上制定了《江西省生态文明建设目标评价考核办法(试行)》(以下简称《考核办法》)。该《考核办法》设计了资源利用、环境治理、环境质量、生态保护、增长质量、绿色生活、公众满意程度7个一级指标、58个二级指标,其中"生态保护"主要反映森林、湿地、自然保护区、水土流失治理、矿山恢复等情况。该《考核办法》明确了各级水土保持目标责任制、考核奖惩制度的范围、具体内容及奖惩的措施。

四、将水土保持工作纳入生态文明建设工程

生态文明建设是个系统工程。在《国家生态文明试验区(江西)实施方案》确定的六项重点任务中明确要加强水土流失综合防治,严格执行水土保持方案审批和设施验收制度,强化监督执法,严防人为水土流失和生态破坏。加大重要生态保护区、水源涵养区、江河源头区的生态修复和保护力度。完善水土保持监测网络,开展水土保持监测评价。健全水土保持生态补偿机制。在《赣州市国民经济和社会发展第十四个五年规划和二〇三五年远景目标纲要》中也明确要加强江河源头保护和江河综合治理,继续实施水土流失治理等重大生态工程。水土保持是当前和今后一段时间内赣州市一项主要工作之一。

另外，据统计，2016年至2018年赣州市共推动实施生态文明重大项目571个，总投资达833.8亿元。截至目前，年度完成投资118.5亿元，完成投资率44.5%。实施山水林田湖草生态保护和修复工程，坚持高位推动、科学规划，计划三年分四个片区实施水环境保护与整治、矿山环境修复、水土流失治理、生态系统与生物多样性保护、土地整治与土壤改良五大类65个重大项目，将20亿元中央基础奖补资金放大8倍，共筹资192亿元。2017年，推进28个项目开工建设，总投资77.88亿元。2017年，赣州市完成稀土废弃矿山治理19.1平方公里，完成水土流失治理面积533.08平方公里，水保"赣南模式"在全国推广。

第五条【部门职责】

市、县级人民政府水行政主管部门主管本行政区域的水土保持工作，具体职责是：

（一）组织宣传和实施有关水土保持的法律、法规和政策，查处水土保持违法行为；

（二）进行水土流失勘测、普查，会同有关部门编制水土保持规划并组织实施；

（三）负责审批并监督生产建设单位实施水土保持方案；

（四）负责水土保持工作综合协调和监督，建立和完善水土保持监测网络，监测、预报本地区水土流失动态；

（五）负责组织实施水土流失综合治理、生态修复；

（六）负责水土保持经费的管理和使用，收取水土保持补偿费；

（七）组织开展水土保持宣传教育、科学研究、人才培训和技术推广工作；

(八) 法律、法规规定的其他职责。

县级以上人民政府发展改革、工业和信息化、财政、审计、农业农村、林业、自然资源、生态环境、交通运输、住房和城乡建设、气象等有关部门按照各自职责，依法做好水土流失预防和治理的有关工作。

【条文释义】

一、水行政主管部门主管水土保持工作是由水土保持工作的特点决定，并经过长期实践形成的

水土保持管理体制的历史沿革。1949年水土保持管理工作由当时的农业部负责。1952年水土保持工作划归水利部管理。1957年为了加强水土保持工作的统一领导和部门之间的密切配合，国务院发布《水土保持暂行纲要》，决定在国务院领导下成立全国水土保持委员会，统一管理全国的水土保持工作，办公室设在水利部；同时要求凡有水土任务的省（区、市），都应该在省人民委员会领导下成立水土保持委员会。1958年，水利部与电力工业部合并成立水利电力部，国务院决定除黄河流域水土保持工作仍由黄河水利委员会负责外，将原由水利部助管的农田水利（含水土保持）工作划归农业部统一管理。1961年精简机构时，国务院水土保持委员会连同其他一些机构撤销，同年又得到恢复。1965年，国务院批准了《农业部、水利电力部关于将农田水利业务和水土保持的日常工作由农业部移交水电部管理的联合报告》和两部有关交接事项的协议，将农田水利业务和水土保持工作移交水电部管理。同年水电部成立了农田水利局，主管农田水利和水土保持工作。1979年国家撤销水利电力部，分设水利部和电力工业部，水利部在农田水利局设立了水土保持处。1982年，水利部与电力工业部合并，成立

水利电力部，农田水利局改名为农田水利司，归口管理全国水土保持工作。同年出台的《水土保持工作条例》明确水利电力部主管全国水土保持工作，并成立全国水土保持工作协调小组，协调小组办公室设在水利电力部。1986年，水利电力部决定农田水利司更名为农村水利水土保持司。1988年，国务院撤销全国水土保持工作协调小组，成立全国水资源与水土保持工作领导小组，办公室设在水利部农村水利水土保持司，并将水土保持处分设为治理处和监督处，1992年该领导小组撤销。1991年《水土保持法》出台，规定"国务院水行政主管部门主管全国的水土保持工作。县级以上地方人民政府水行政主管部门，主管本辖区的水土保持工作"，明确水行政主管部门主管水土保持工作。1993年，水利部在机构改革时单设了水土保持司，下设生态处、监督处和规划处，主要职能是：主管全国水土保持工作，组织全国水土保持重点治理区的工作，协调水土流失综合治理；对有关法律法规的执行情况依法实施监督。2008年国务院进行了机构改革，明确水利部是水土保持工作的主管部门"负责防治水土流失。拟订水土保持规划并监督实施，组织实施水土流失的综合防治、监测预报并定期公告，负责有关重大建设项目水土保持方案的审批、监督实施及水土保持设施的验收工作，指导国家重点水土保持建设项目的实施"。2018年国务院机构改革中，水利部有关水土保持的职责没有变化。

新中国成立70多年来，水土保持主管部门多次调整，除1958年至1964年6年间部分水土保持工作由农业行政主管部门主管外，水土保持工作一直由水行政主管部门负责。目前，已经形成了较为完善的水土保持工作管理体制，在我国水土流失预防和治理实践以及水土保持制度建设上都取得了极为显著的成效。我国现有水土保持机构主要包括水利部水土保持司，七大流域机构水土保持局

（处），省、市、县水行政主管部门水土保持局（处、办），还有协调机构、监测机构、有关科研、大专院校和学会等事业单位。全国大部分县级以上地方人民政府水土保持管理机构都设在水行政主管部门，一些水土流失面积大、治理任务重的地市（县）还单设了水土保持管理机构（与水行政主管部门同级），直接归政府管理，这些部门和机构，维系着我国水土保持工作的正常运转。

赣州市水土保持管理体制沿革。赣州市在2019年机构改革前，水土保持局作为政府直属事业单位，是全市水土保持行政主管部门。根据中共赣州市委、赣州市人民政府《关于印发〈赣州市人民政府机构改革实施方案〉的通知》精神，赣州市水土保持局由政府直属事业单位调整为赣州市水利局管理，保留正处级，不保留水土保持委员会办公室的牌子，为赣州市水利局管理的正处级事业单位，主要负责《水土保持法》《中华人民共和国水土保持法实施条例》《江西省实施〈中华人民共和国水土保持法〉办法》等法律、法规的组织实施和监督检查，编制全市水土资源保护和开发利用的规划。2019年，赣州市委办、赣州市政府办印发《赣州市机构改革实施方案》。根据该方案，将水土保持局的水土保持领域监督管理行政等职能回归市水利局，并在市水利局下设水土保持科。赣州市辖区内的南康区、赣县区等也相应的将水土保持行政职能划归水利局。根据中共赣州市委办公室、赣州市人民政府办公室关于印发《赣州市深化事业单位改革试点实施方案》的通知精神，为持续推进全国水土保持改革试验区建设，加大水土保持生态文明建设力度，实现全市水土保持工作继续走在全国前列，在市水土保持局（市水土保持委员会办公室）的基础上，整合水土流失规律及水土保持技术研究等相关智能，组建市水土保持中心，为正处级市政府直属事业单位，并仍由水利局代管。

二、水土保持职责主要类型

(一) 普法宣传

国家机关是国家法律的制定和执行主体，同时肩负着普法的重要职责。党的十八届四中全会明确提出实行国家机关"谁执法谁普法"的普法责任制。水行政部门作为水土保持执法部门当然应该承担该法的普法宣传职责。

(二) 编制水土保持规划

水土保持规划是指为了防止水土流失，做好国土整治，合理开发和利用水土及生物资源，改善生态环境，促进农林牧及经济发展，根据土壤侵蚀状况、自然社会经济条件，应用水土保持原理、生态学原理及经济规律，制定水土保持综合治理开发的总体部署和实施安排的工作计划。水土保持规划的作用主要体现在合理调整土地利用结构、利用水土资源，确定合理的治理措施，有效开展水土保持工作，制定改变农业生产结构的实施办法和有效途径等。

水土保持规划涉及土壤、林业、副业、牧业等经济发展的各方面，因此水土保持规划的编制需要政府相关部门的配合才能完成，如参与《赣州市水土保持规划（2016—2030年）》编制的部门涉及水保局、环保局、林业局、国土局、矿管局、规划局等部门。

(三) 查处水土保持违法行为

本条例第二章、第三章从预防和治理两个方面对生产建设单位、个人作出了禁止性规定和义务性规定。生产建设单位、个人违反这些规定，便构成水土保持违法行为，根据法律法规的授权，水行政部门获得了查处违法行为的行政职能。

(四) 审批水土保持方案

水土保持方案是指因自然因素或人为活动造成水土流失所采取

的预防和治理措施。根据《水土保持法》第 25 条之规定，水土保持方案应当包括水土流失预防和治理的范围、目标、措施和投资等内容。水行政主管部门负责审批水土保持方案是否合法。

（五）建立和完善水土保持监测网络

水土保持监测是指对水土流失发生、发展、危害及水土保持效益进行长期的调查、观测和分析工作。通过水土保持监测，摸清水土流失类型、强度与分布特征、危害及影响情况、发生发展规律、动态变化趋势，对水土流失综合治理和生态环境建设宏观决策以及科学、合理、系统地布设水土保持各项措施具有重要意义。

（六）负责组织实施水土流失综合治理、生态修复

《全国水土保持生态修复类型区治理措施研究》中提出，如果要减少生态系统的承载力最有效、最直接的方法就是采取封育保护，杜绝人为的对生态的干扰与破坏，使生态系统能够有喘息的机会，通过不断的实践证明，没有了人为的干扰后，生态系统就能以较快的速度增加植被覆盖率，改善生态环境，实现可持续发展。

如上所述，赣州市在水土保持生态治理方面坚持"赣南模式"，如实施四大工程，筹资 183 亿元，实施山水林田湖草生态保护和修复工程，建设流域水环境保护与整治、矿山环境修复、水土流失治理、生态系统与生物多样性保护、土地整治与土壤改良五大类 63 个项目；实施森林质量提升工程，启动 10 年 1000 万亩低质低效林改造计划，增强涵水保土功能；实施东江流域生态保护工程，推进生态修复、水源地保护、水土流失治理等五大类 79 个项目建设，实现出境断面水质 100% 达标；实施水土保持生态示范园建设工程，探索采用"水保+产业发展""水保+农村污水处理""水保+乡村旅游""水保+脱贫攻坚""水保+美丽乡村建设"5 种治理模式，启动创建 100 个水土保持生态示范园区。

三、其他部门的职责

水土流失防治是一项综合性工作，需要得到各有关部门的密切配合与支持。林业主管部门主要是组织好植树造林和防沙治沙工作，配合水行政主管部门做好林区采伐林木水土流失防治工作；农业农村主管部门主要是组织好农耕地的免耕等高耕作水土保持工作；自然资源主管部门主要是在滑坡、泥石流等重力侵蚀区建立监测、预报、预警体系，并采取相应的治理措施，组织好矿产资源开发、土地复垦过程中的水土流失治理和生态环境恢复工作。发展改革、财政、生态环境等主管部门要积极配合水行政主管部门做好相应的工作。

第六条【基层自治组织职责】

村（居）民委员会协助乡（镇）人民政府、街道办事处做好水土保持工作，可以将水土保持纳入村规民约；发现水土流失隐患，应当及时报告乡（镇）人民政府、街道办事处或者县级人民政府水行政主管部门；发现破坏水土资源的违法行为，应当及时劝阻，并报告乡（镇）人民政府、街道办事处或者县级人民政府水行政主管部门。

【条文释义】

由于法律法规并没有授权基层自治组织执法权，所以本条例只是赋予其对违法行为的检举揭发、劝阻的职责。

一方面，《水土保持法》第 8 条规定，任何单位和个人都有保护水土资源、预防和治理水土流失的义务，并有权对破坏水土资源、造成水土流失的行为进行举报。任何单位和个人都有权对违反水土保持法律法规的行为进行检举揭发，基层群众自治组织自然不例外。此外,《水土保持法》在第 3 条确立了水土保持应当坚持保护优先、预防为主、综合治理的原则,并建立了一系列严格的管理制度。为了保证这些管理制度切实得到贯彻落实,真正预防水土流失的发生,预防和惩治违法行为,必须加强对违法行为的监督,并使其及时得到查处,这不仅需要有关部门严格执法,同时也需要调动全社会的力量。

另一方面,《中华人民共和国村民委员会组织法》也规定,村民委员会引导村民合理利用自然资源,保护和改善生态环境,应当宣传宪法、法律法规和国家的政策。结合水土保持工作的实际状况,水土保持工作主要集中于建设工程项目、经济林开发等地处偏远的区域,并不利于市、县级水行政主管部门及时发现状况、解决问题。但是,基层群众自治性组织往往处于水土保持现场的第一线,赋予其对违法行为的检举揭发、劝阻的职责能够更为快速、便捷地发现问题,并及时上报主管部门。村(居)民委员会一般与违法行为发生地较近,其有可能最先发现违法行为,赋予其检举揭发、劝阻的职责有利于预防违法行为的发生或者减损水土流失损失的进一步扩大。在立法实施过程中,还应当将县级水行政主管部门的联系方式及职责等对村(居)民委员会进行普及,在后续的调查处理中配合水行政主管部门的工作。

第七条【宣传教育职责】

各级人民政府及其有关部门应当加强水土保持宣传和教育工作,普及水土保持科学知识,增强公众的水土保持意识。

每年 3 月 22 日至 28 日为全市水土保持宣传周。

【条文释义】

本条是对各级政府及有关部门水土保持宣传和教育工作责任的

规定。

一、增强社会公众水土保持意识是一项重要的政府职责

做好水土流失的预防和治理具有很强的技术性、综合性，水土流失的发生发展和后果显现是一个缓慢的、渐进的，有一个从量变到质变的过程，水土保持效益的显现也是一个长期的、缓慢的过程，容易被社会公众忽视。作为一项长期性的公益性活动，极易因为原子化个体的忽视或懈怠产生"公地悲剧"。因此，增强社会公众的水土保持意识不能是社会公众自身完成的任务，还需要政府和社会公众的高度重视和广泛参与。增强社会公众水土保持意识还是重要的政府职责。政府需加强组织领导，做好水土保持的宣传教育工作，普及水土保持科学知识，增强社会公众对水土流失危害的忧患感，对预防水土流失的责任，对治理水土流失的紧迫感，增强水土保持法律意识。

二、通过教育促进水土流失工作的开展

水土保持是一切单位和个人的义务。做好水土保持工作，不能仅靠政府和水保部门，需要通过广泛水土保持法律法规和水保知识的宣传和普及，动员全社会的力量共同参与，营造全社会参与水土保护、建设生态文明的良好氛围。

各级政府是加强水保宣传和普及的重要主体。各级政府应当通过媒体宣传，组织水土保护进机关、进社区、进学校、进企业、进农村、进家庭等各类宣传推广活动，广泛、深入地宣传普及水土保护知识，努力提升全民水保知识，营造全社会参与水保、建设生态文明的良好风气。

各级政府除做好自身的水保宣传普及工作外，还要鼓励基层群众性自治组织、社会组织、水保组织、环保志愿者开展水保法律法

规和水保知识的宣传工作，营造保护环境的良好社会风气。这里的基层群众性自治组织包括居民委员会和村民委员会；社会组织是指在民政部门登记的社会团体、民办非企业单位、基金会等各类社会组织；"环境保护志愿者"是指不为物质报酬、志愿从事环境保护公益活动的人员。志愿者被认为是在职业之外，不受个人利益或者法律强制驱使，为改进社会、提供公益服务而付出努力的人们。志愿服务的发展代表着社会的文明和进步。随着环保事业的发展，越来越多的人加入环保志愿者的行列，自愿、无偿从事环保工作。基层群众性自治组织、社会组织、环保志愿者可以利用自身的优势，通过举办环保讲座、发放相关宣传资料等开展全民环境保护宣传教育活动。

在《全国水土保持规划（2015—2030年）》中指出：建设和完善宣传教育平台，充分利用网络新技术，向社会公众方便迅捷地提供水土保持信息。赣州市在本条例出台后，在微信公众号上以水土保持知识有奖竞猜等方式进行宣传，有效地实现了水土保持在公众间的宣传。

普及水土保持科学知识就是要加大宣传、科普和教育力度，使群众了解水土流失的相关知识，掌握水土保持的相关要求和技能，使个人、单位在日常的生产活动中自觉地开展水土流失的预防和治理工作，成为水土保持的参与者、监督者、推动者。

三、学校、新闻媒体的宣传教育责任

根据《中华人民共和国水土保持法实施条例》第7条规定，中小学的有关课程，应当包含水土保持方面的内容。水土保持教育是水土保持工作的重要组成部分，也是教育工作的重要内容。从小培养学生热爱自然、保护环境的意识和责任感，是培养可持续发展人才的需要。少年儿童是祖国的未来、民族的希望，在学生中广泛开

展绿色环保教育具有重要意义：一是有利于提高全民族的水土保持意识和思想道德素质。学生阶段是一个人身心发展的黄金时期，在学习知识的基础上，对学生进行绿色教育，不仅可以开阔学生的视野、提高学生的认知，也可以让学生在参与中树立起环保意识、水土保护意识。二是环保教育、水保教育是学生社会实践活动的组成部分。高素质的学生需要认识社会、走向社会，绿色环保教育可以让学生在各种绿色环保活动中锻炼参与能力、提高认知能力，对于学生综合素质的提高将起到重要作用。

应当指出的是，做好学校的水保教育工作，不仅是学校的责任，同时也是各级教育行政部门的职责所在。教育行政部门作为教育的主管部门，要积极组织广大学校开展对学生的水保教育活动，并对教师和其他教育工作者进行水保法律法规和水保知识的培训，提高教育工作者的水保意识和水平。同时，教育行政部门还要对学校的水保教育工作进行指导、督促和检查，确保水保教育活动的正确开展。

新时代，新闻媒体要利用其自身优势，开展水保法律法规和水保知识的宣传，对水保违法行为进行舆论监督，这也是其承担社会责任的一种表现。新闻媒体包括报纸、广播、电视、互联网四大类新闻宣传媒介。现代社会，新闻媒体的宣传具有受众广、传播快、影响大的特点，所以在水保宣传方面，应当充分发挥新闻媒体的作用。新闻媒体应当发挥其自身优势，以群众喜闻乐见的形式开展水保法律法规和环保知识的宣传。

应当指出的是，新闻媒体除了要做好有关水保方面的宣传，还要对水保违法行为进行舆论监督。舆论监督是指针对社会上某些组织或个人的违法违纪行为，或者其他不良现象及行为，通过新闻媒体的宣传报道进行曝光和揭露，抨击时弊、扬善惩恶，以达到舆论监督的目的。舆论监督具有事实公开、传播快速、影响广泛、揭露深刻等特点和优势，能够迅速将公众的注意力聚焦，形成巨大的社会压力，并引起政府和有关部门的关注，促使执法部门对违法行为进行查处。但需要注意的是，新闻媒体报道水保违法行为，应当客观、全面、准确，对报道的真实性负责，如果因不实报道给相关企业、单位的合法权益造成损害的，应当依法承担侵权损害赔偿责任。

四、水土保持宣传周的确定

本条例规定每年的3月22日至28日为全市水土保持宣传周。1994年水利部决定"水法宣传周"从每年的"世界水日"即3月22日开始，至3月28日为止。水土保持宣传周与"水法宣传周"同时举行，使老百姓认识到"护河治水无看客，你我都是责任者"。同时，各级水土保持部门要主动适应新形势、提高政治站位，转变水土保持工作思路，把工作重心转变到行业监管上来，在监管上强手段，在治理上补"短板"，做到应批尽批、应收尽收、应管尽管、应罚尽罚、应验尽验；切实落实属地管理职责，做好权限范围内的水土保持工作，全面履行水土保持预防监督管理职责，进一步加强水土流失综合防治；严格落实水土保持"三同时"制度，强化监督执法，不断完善水土保持监测网络和开展水土保持监测评价，为建设富裕美丽幸福现代化江西作出应有贡献。

第二章 规划和预防

本章一共10个条文,其中第8条是关于水土保持规划的规定,其余9条是关于水土保持预防的规定。水土保持规划是国民经济和社会发展规划体系的重要组成部分,是依法加强水土保持管理的重要依据,是指导水土保持工作的纲领性文件。本条例对水土保持规划的规定只有一个条文的规定,因此关于水土保持规划的编制、审批、实施等规定必然需要依据《水土保持法》以及江西省的相关规定。本章在上位法规定的基础上增加了有关矿产资源开发利用、交通工程建设以及开发区建设等水土流失预防的规定。这些规定强化了本条例规定的"预防为主、保护优先"的水土保持工作方针。

第八条【在相关规划中制定水土流失防治对策和措施】

有关基础设施建设、开发区建设、农业开发、果业开发、矿产资源开发、城镇建设、旅游景区建设、公共服务设施建设以及中小河流治理、国土空间综合治理等方面的规划,在实施过程中可能造成水土流失的,规划的组织编制机关应当分析论证规划所涉及的项目对水土资源、生态环境的影响,并在规划中提出水土流失预防和治理的对策和措施;有关规划在报请审批前,应当征求本级人民政府水行政主管部门的意见。

【条文释义】

本条是对基础设施建设等规划中的水土流失防治对策、措施要求的规定。

有关基础设施建设、开发区建设、农业开发、果业开发、矿产资源开发、城镇建设、旅游景区建设、公共服务设施建设以及中小河流治理、国土空间综合治理等规划，是对各自领域发展方向和区域性开发、建设的总体安排和部署。列入这些规划的生产建设项目，实施时不可避免地要扰动地表、破坏地貌植被，引起水土流失和生态环境的破坏。对于这些列入规划的生产建设项目，应当进行水土流失的影响预测与评价及水土流失影响后评价。

对于水土流失的影响预测与评价及水土流失影响后评价。水土流失的影响预测的预测内容是基础设施建设、开发区建设、农业开发、果业开发、矿产资源开发、城镇建设、旅游景区建设、公共服务设施建设以及中小河流治理、国土空间综合治理等规划的主体工程施工扰动地表范围、废弃土石方量、损毁植被面积等因素。规划中的水土流失影响预测与评价，是为了可视化、可量化地对可能的水土流失影响有较为准确的预测和评估。根据水土流失的影响预测与评价，如对地表的扰动范围、破坏的地貌植被面积、生态环境破坏等指数，便于各种规划项目的水土保持设施建设及区域性开发内容。

因此本条规定，编制有关基础设施建设、开发区建设、农业开发、果业开发、矿产资源开发、城镇建设、旅游景区建设、公共服务设施建设以及中小河流治理、国土空间综合治理等方面的规划时，组织编制机关应当从水土保持角度，分析论证规划所涉及的项目对水土资源、生态环境的影响，并在规划中提出水土流失预防和治理的对策及措施。对于水土流失的影响预测与评价及水土流失发生后，还应当对可能的水土流失作出相应的预案与应对措施。同时，本条规定，规划的组织编制机关在报请审批前，应当征求本级人民政府水行政主管部门的意见。

第九条【相关区域的禁止性行为】

任何单位和个人不得在下列区域取土、挖砂、采石以及新开垦种植脐橙、油茶等经济林：

（一）县级以上人民政府划定的崩塌、滑坡危险区和泥石流易发区；

（二）小（二）型以上水库周边、赣江及其二级以上支流和东江及其一级支流两岸山坡的水土流失严重、生态脆弱区域；

（三）铁路、高速公路、国道、省道沿线两侧山坡的水土流失严重、生态脆弱区域；

（四）其他水土流失严重、生态脆弱的区域。

在前款规定的区域抢修铁路、公路、水工程等，进行取土、挖砂、采石或者堆放废弃固体物的，生产建设单位事后应当及时采取水土保持措施。

【条文释义】

本条是对在崩塌滑坡危险区，泥石流易发区和水土流失严重、生态脆弱区从事取土、挖砂、采石以及新开垦种植脐橙、油茶等经济林活动的禁止性规定。

一、本条禁止的行为包括取土，挖砂，采石，新开垦种植脐橙、油茶等经济林

（一）取土、挖砂、采石等

取土、挖砂、采石等活动直接在地方施工，土石方挖填量大，造成地表结构破坏、植被占压，是最为普遍、最容易引发水土流失及其危害的生产建设活动。随着我国工业化、城镇化进程和基础设施建设的加快，出现了大量采石场、取土场，造成了大量严重的水土流失和生态破坏，加剧了滑坡、泥石流等水土流失灾害的发生和发展，成为当前水土流失防治的一个重点和难点。因此，地方各级人民政府要加强对取土、挖砂、采石的管理，统筹规划设置取挖地点，规范挖采行为，切实采取有效预防和治理措施，确保因取、挖、采造成的水土流失大幅减少，水土流失等灾害得到有效控制，保障生态安全和公共安全。

（二）新开垦种植脐橙、油茶等经济林

本处禁止的行为是新种植经济林，也就是在本条例生效前的行为不构成违反禁止性规定。脐橙、油茶是赣南农民增收的重要方式之一，但是很明显新开垦种植脐橙、油茶等经济林必然会取土，造成地表结构破坏、植被占压等情况，很容易造成水土流失。

二、上述行为禁止的区域

上述行为禁止的区域主要包括以下两种。

（一）县级以上人民政府划定的崩塌、滑坡危险区和泥石流易发区

崩塌、滑坡、泥石流属于混合侵蚀，是重力、水力等应力共同作用的水土流失形式，具有突发性、历时短、危害严重等特点。在崩塌、滑坡危险区和泥石流易发区取土、挖砂、采石，极易导致应力变化，引发崩塌、滑坡和泥石流等，给群众生命财产带来巨大损失，严重危及公共安全。因此本条例明确禁止在崩塌、滑坡危险区、泥石流易发区的取土、挖砂、采石等行为。

需要注意的是本条例明确禁止的区域必须经过县级以上人民政府划定，否则不构成违法行为。根据《江西省地质灾害防治条例》第20条规定，县级人民政府应当对出现地质灾害前兆、可能造成人员伤亡或者重大财产损失的区域、地段，及时划定为地质灾害危

险区，并实行预警管理制度。一般地质灾害危险区，由县级人民政府国土资源主管部门提出，报本级人民政府批准，并予以公告。从该条规定来看，划定地质灾害危险区是县级人民政府的职责，其有义务根据法律法规的规定，及时划定地质灾害危险区，避免人员伤亡或者重大财产损失。其未积极履行本条规定的义务，有可能造成失职。县级人民政府划定地质灾害危险区时，应同时公布危险区范围，危险区禁止的行为、对在危险区内破坏设置检测设施、警示标志等扰乱社会治安行为的处理依据等。

（二）水土流失严重、生态脆弱的地区

水土流失严重地区是指水土流失面积较大、强度较高、危害较重的区域。我国水土流失最严重的地区有东北黑土区、长江上游及西南诸河区、西北风沙区、南方红壤区、北方土石山区、西南岩溶石漠化区等。赣州属于水土流失严重地区。

生态脆弱区也称生态交错区，是指两种不同类型的生态系统的交界过渡区域。主要特征有：（1）系统抗干扰能力弱，（2）对全球气候变化敏感，（3）时空波动性强，（4）边缘效应显著，（5）环境异质性高。

本条第（2）（3）项列举了两种类型的水土流失严重、生态脆弱区域，本条第（4）项是作为兜底规定。

三、例外规定

本条第 2 款规定了紧急情况下的免责条件。这些条件包括：（1）目的是抢修铁路、公路、水工程等项目。（2）免责行为主要包括四种取土、挖砂、采石或者堆放废弃固体废物，免责行为必须建立在抢修铁路、公路、水工程等项目的目的上，其他行为不能免责。（3）生产建设应当及时采取水土保持措施。这里的生产建设单位可以理解为抢修单位，"及时"从条文规定来看可以理解为抢修结束后应立即采取水土保持措施。

第十条【禁垦坡度、禁垦范围以及有关水土保持措施的规定】

禁止在二十五度以上的陡坡地开垦种植农作物或者全垦造林。

在二十五度以上陡坡地，种植脐橙、油茶等经济林的，应当先规划后开发，合理确定位置和规模，保留山顶原生植被，设置植被隔离带，采取梯壁植草，修建坎下竹节沟、拦水埂、截水沟、蓄水池、排水沟、等高水平条带等水土保持措施，防止水土流失。

在五度以上、二十五度以下的荒坡地开垦种植农作物，应当采取修建水平梯田、坡面水系整治、蓄水保土耕作等水土保持措施。

【条文释义】

本条是对禁垦坡度、禁垦范围及有关水土保持措施的规定。

一、明确规定二十五度以上作为禁垦陡坡地上限

根据相关研究成果，二十五度是土壤侵蚀发生较大变化的临界坡度，二十五度以上陡坡耕地的土壤流失量高出普通坡地 2 到 3 倍。本条第 1 款禁止的行为包括种植农作物或者全垦造林。（1）种植农作物。农作物是较为广义的概念，除粮食、棉花、油料、糖料、蔬菜等作物之外，也包括人参、烟叶、花卉、药材等。农作物有个共同的特征，就是在种植时是需要经常整地、翻耕等，对地表造成持续的扰动，极易引发严重水土流失。（2）全垦造林，是指全面整地、全部地翻垦造林。这种行为对地表扰动太大，极易造成水土流失。因此本条也禁止这一造林行为。

需要注意的是《水土保持法》施行前已经在禁止开垦的陡坡地开垦种植农作物的，应当在平地或缓坡地建设基本农田，提高单位面积产量，将已开垦的陡坡耕地逐步退耕，植树种草；退耕确有困

难的，由县级人民政府限期修成梯田，或者采取其他水土保持措施。

二、本条第2款规定在二十五度以上陡坡地种植经济林的条件

坡地上种植经济林的现象在我国较为普遍，特别是在赣南地区，净重连片种植经济果木林的，也极易造成非常严重的水土流失。这是因为，首先，在种植初期，由于大面积、全坡面的整地甚至炼山造林，扰动地表剧烈，原地表植被清除较多，造成了严重的水土流失；其次，在经营过程中，由于不断深耕施肥、松土、锄草等，不断地、周期性地对地表造成扰动，必然会引起水土流失；最后，由于种植树种单一、密度较低、林下无灌草，水土保持功能下降。因此，本条例对陡坡地种植经济林提出了明确的水土保持要求。一是科学确定树种，一般要选择耗水量小、根系发达、密度大、植被覆盖率高的树种，减少因单一树种或者品种不当加重水土流失，当然赣南经济林主要集中在脐橙、油茶等；二是确定合理规模，经济林要与生态林相配套布设，经济效益与生态防护效益兼顾；三是要采取水土保持措施，如设置植被隔离带，采取梯壁植草，修建坎下竹节沟、拦水埂、截水沟、蓄水池、排水沟、等高水平条带。

三、在缓坡地种植农作物的限制条件

根据本条第3款规定，在五度以上二十五度以下的荒坡地可以种植农作物，但是需要采取水土保持措施，如修建水平梯田、坡面水系整治、蓄水保土耕作。需要注意的是，根据国务院制定的《中华人民共和国水土保持法实施条例》第12条之规定，依法申请开垦荒坡地的，必须同时提出防止水土流失的措施，报县级人民政府水行政主管部门或者其所属的水土保持监督管理机构批准。国务院制定的行政法规设定了缓坡地种植农作物的行政许可条件，比《水土保持法》的规定更为严格。

第十一条【矿产资源开发中应采取的水土保持措施】

在矿产资源开发中，生产建设单位应当采取拦挡、坡面防护、防洪排导等水土保持措施，保护植被，防止水土流失。

【条文释义】

本条是关于矿产资源开发中水土保持措施的要求

赣南矿产资源丰富，主要以有色、稀金矿为主，素有"世界钨都"和"稀有金属不稀有"之称，稀土探明量居全国第二。赣州市矿产资源丰富，因为矿产资源开发带来的水土流失是赣州市水土流失的主要来源之一。根据赣州市对废弃矿山地质环境调查的统计，全市稀土矿山毁坏面积为 78.13 平方公里，水土流失破坏面积为 7.72 平方公里，共计 85.85 平方公里。由于稀土分布广、开采工艺较为简单，这就为稀土开采管理增加了较大的难度，也使得开采中的水土保持工作难以监督管理。据不完全统计，有一半的稀土开采属非法开采，不但扰乱了稀土产业，而且严重破坏了矿区水土保持生态环境。稀土矿区产生大量废弃尾沙和表土、损坏植被面积大、淤积河道水库、毁坏农田道路，造成水土流失严重。为此，本条要求矿产资源开采因地制宜采取矿区水土流失方法。

建立一套水土流失综合防治体系。根据赣南气候、地理、土壤等特点和稀土开采特点及多年治理经验，稀土矿区水土保持治理应遵循"工程治理和生物治理相结合、永久措施相结合、生态效益和经济效益相结合"的原则，科学合理配置各种治理措施，采取拦、挡、截、排、绿化等措施，合理布局，达到层层设防，形成完整的水土流失防治体系。

修建一座永久性的水土保持工程。以小流域为单元，建设一个永久性、控制性的水土保持拦沙蓄水工程，将矿区水土流失控制在小流域内，是稀土矿区水土保持治理中最重要、最关键的骨干工程。该工程原则上要求达到（一）型水库的质量标准，主要功能是拦蓄小流域内众多临时防护工程不能拦挡的泥沙，同时蓄水过滤、沉淀泥沙和废水，达到流域外生态环境不受稀土开采的影响。

设置临时防护工程。赣南稀土矿区水土保持临时防护工程治理措施主要是采取拦、挡、截、排和塑料薄膜覆盖等措施有机配置，合理布局，达到层层设防，形成完整的水土流失防治体系。临时防护工程以土质材料为主，有些关键性部位如坡面排水沟可用浆砌块石或塑料薄膜覆盖。所谓截，就是在开采面的上边坡，修筑土质截水沟，以拦截开采面以上雨水，避免其流入开采裸露面而加速水土流失。所谓拦就是在附近的土方坡脚修建拦土墙，稳定期堆方不下塌。所谓拦就是因地制宜地在矿区流域的下方修筑拦沙坝，为控制性拦沙工程，要求节节设防，将泥沙控制在流域内，并达到允许土壤流失范围内。所谓排，因为赣南降水量大，排水是水土保持工程治理措施的关键。因此，要在矿区内建立良好的排水系统，包括开采面、配套池、拦沙坝内各个防治区内的排水。所谓塑料薄膜覆盖，是指开采过程中在裸露的堆土方和开采面覆盖塑料薄膜，防止因为雨水、大风等气候因素引起的水土流失。这是赣南稀土矿区雨季最有效的临时防护措施，后要栽树绿化时可以挖口栽种。

保护植被。稀土矿区植被恢复治理应以生态效益为主，待矿区土壤改善、生态环境恢复后才考虑发展具有经济效益的植物产业。由于矿区尾沙堆有机质及矿物质基本上被浸矿时流失，另外还滞留一些化学成分影响植物生产。对于矿区的植被保护应当着眼于水土的保持及养护作用。因此，对于各类矿区最有效的植物恢复治理措施是就近带土移栽植物，以达到迅速绿化、恢复生态环境之目的。

带土移栽植物。即在冬春季节就近在山上或荒地带土挖取树木、灌木或草皮，在稀土尾沙堆放场通过土地整治或改变微地形降坡后，在尾沙堆或采空区栽种树木、灌木或铺垫草皮控制水土流失。

营养袋育苗带土移栽。如果采取育苗栽种树草，则应采用营养袋带土移栽。栽种时特别是斜坡面上应用塑料薄膜覆盖，才能有效提高树苗成活率。

第十二条【交通工程建设中采取的水土保持措施】

在交通工程建设过程中，生产建设单位应当科学选址，合理安排线路，减少土石方开挖和植被破坏，将废弃的土、石、渣堆放在已批复水土保持方案指定的地点，不得随意倾倒。

【条文释义】

这里的交通工程包括公路、铁路、道路抢修维修及风力发电等工程。

交通工程的特点和造成水土流失的原因主要包括以下几个方面：(1) 一般来说交通工程的主体工程构成对所经区域的植被、耕地、水池、堤坝等水保、生产设施的直接占压和破坏，而且这些工程很多都是地表工程，短则几公里，长则几百公里、上千公里。只要工程实施，就必然会对地表环境造成侵占和破坏，主要集中在经过地区的山体、植被、耕地、河流及水利水保工程等。(2) 由于工程建设造成地形结构破坏，山体失稳，赣南雨季降水量大，极易诱发崩塌滑坡等水土流失灾害。(3) 主体工程沿途挤占河道、水体影响行洪蓄水，加大对岸洪水威胁，另外也会造成洪水对路基的危害，因此在山区经常会发生沿河公路被洪水冲坏的问题。(4) 主体工程对原地形的再造作用，引起地表径流汇集、泄洪和下渗等水文效应发生综合变化。如现代公路路面材料多为不透水的沥青或水泥等材料配置，在降水时路面阻止了雨水下渗，使地表径流增加，地下水资源量减少，其影响也是不利的。(5) 废弃土石也会造成不良影响。建设中产生的废弃土石也会造成水土流失，加大洪水灾害。交通建设所产生的废渣主要包括两个方面，一是开挖路堑、路基；二是开挖隧道。开挖路堑、隧道等工程，废弃物不能就地倾倒，废石弃渣一般要集中堆放在某些地点，容易引起施工单位的环境保护意识。但在半挖半填方段，施工活动是难以控制的，沿路乱弃废石渣现象较多，这是交通建设造成的最常见环境问题。(6) 取土场、采石场造成的水土流失。取土场、采石场造成的水土流失主要是破坏山坡植被和边坡失稳问题，但若在河道采砂有时也会对河道的行洪、灌溉能力造成危害。(7) 施工便道和其他辅助工程也会造成水土流失。

正是由于交通工程在建设过程中容易造成水土流失，因此本条例规定了其应采取的必要措施：

(1) 依法科学确定交通工程建设线路。根据《水土保持法》以及本条例和安全运行的要求，修建铁路公路和水利工程，要尽量避开崩塌滑坡危险区和泥石流易发区，尽量避开水库、电站等大中型水利水电工程和其他文物、自然保护区，确实无法避开的要经过有关部门批准，并采取相应的保护措施。

(2) 尽量减少对原有水土保持设施的破坏，无法避开和恢复原状的，要采取相应的水土流失防护措施。

(3) 做好路基建设的挖填平衡设计，尽量用开挖路堑、坑口和隧道等产生的废弃土石垫砌填方段路基,对废弃的土石要依法规划专门的存放地集中堆放,不得就地顺坡倾倒,不得向江、河、湖泊、水库及专门存放地以外的沟渠倾倒。

(4) 在铁路、公路两侧地界以内的山坡地,必须修建护坡或其他整地措施,工程竣工后,取土场、开挖面和废弃的砂石土存放地的裸露土地必须植树种草,防止水土流失。

(5) 对施工便道、生活区和构件加工厂等临时工程也要采取相应的水土流失防治措施。

第十三条【编制水土保持方案】

在山区、丘陵区、风沙区以及水土保持规划确定的容易发生水土流失的其他区域,开办可能造成水土流失的生产建设项目,生产建设单位应当依法编制水土保持方案,并报县级以上人民政府水行政主管部门审批。

前款规定依法应当编制水土保持方案的生产建设项目的范围,按照国家和省有关规定确定。

【条文释义】

一、水土保持方案编报的范围、主体

(一) 水土保持方案编报的范围

2010年修订前的《水土保持法》将水土保持方案编报范围限定为山区、丘陵区、风沙区,这种划分方式不够科学和全面。生产建设项目是否造成水土流失,不仅与该项目所处的地貌类型有关,还与项目所在的区域环境及项目特点(规模、性质、挖填土石方量、施工周期等)有关,平原地区开展生产建设活动同样存在水土流失问题。2010年修订后的《水土保持法》,在总结实践经验的基

础上,明确水土保持方案编报范围不仅包括山区、丘陵区、风沙区,还包括水土保持规划确定的容易发生水土流失的其他区域。本条的依据是修改后的《水土保持法》第25条的规定。在上述区域开办可能造成水土流失的生产建设项目,生产建设单位都应当编报水土保持方案,按照经批准的水土保持方案,采取水土保持预防和治理措施。

根据《全国水土保持区划》以及《江西省水土保持规划(2016—2030年)》的相关规定,赣州区域全境属于江南山地丘陵区和南岭山地丘陵区,没有水土保持规划确定容易发生水土流失的其他区域。因此,在赣州行政区域内开办可能造成水土流失的生产建设项目,均需要依法编制水土保持方案。其中,审批制项目,在报送可行性研究报告前完成水土保持方案报批手续;核准制项目,在提交项目申请报告前完成水土保持方案报批手续;备案制项目,在办理备案手续后、项目开工前完成水土保持方案报批手续。经批准的水土保持方案应当纳入下阶段设计文件。

(二)生产建设项目主体范围

本条例对可能造成水土流失的生产建设项目没有明确作出规定,但一般认为可以包括以下方面:(1)铁路、公路、机场、港口、码头、桥梁、隧道、通信、市政、水利水电工程等基础设施项目;(2)煤炭、电力、石油、天然气等能源设施项目;(3)矿产、冶炼、建材能工业项目;(4)城镇新区、开发区、工业园区(工业聚集区)等园区建设项目;(5)房地产建设、土地开发整理、农业综合开发等开发项目。

二、编制水土保持方案的机构

(一)水土保持方案的分类

根据《开发建设项目水土保持方案编报审批管理规定(2017)》

以及《水利部关于进一步深化"放管服"改革全面加强水土保持监管的意见》的相关规定,水土保持方案分为"水土保持方案报告书"和"水土保持方案报告表"。凡征占地面积在5公顷以上或者挖填土石方量在5万立方米以上的开发建设项目,应当编报水土保持方案报告书,征地面积在0.5公顷以上5公顷以下或者挖填土石方量在1000立方米以上5万立方米以下的其他项目编报水土保持方案报告表。其中对水土保持方案备案表实行承诺制管理。征地面积不足0.5公顷且挖填土石方量不足1000立方米的项目,不再办理水土保持方案审批手续,生产建设单位和个人依法做好水土流失防治工作。

根据《水土保持法》及《水利部关于进一步深化"放管服"改革全面加强水土保持监管的意见》等有关规定,编制水土保持方案报告书的项目,应当依法开展水土保持监测工作。

水土保持方案应当包括以下几个方面的内容:一是水土流失防治的责任范围,包括生产建设项目永久占地、临时占地及由此可能对周边造成直接影响的面积;二是水土流失防治目标,在生产建设项目水土流失预测的基础上,根据项目类别、地貌类型、项目所在地的水土保持重要性和敏感程度、林草覆盖率等,确定水土流失防治目标;三是水土流失防治措施,根据项目特性及项目区自然条件、造成的水土流失特点,采取工程措施、植物措施、临时防护措施和管理措施;四是水土保持投资,根据国家制定的水土保持投资编制规范,估算各项水土保持措施投资及相关的间接费用。

(二)水土保持方案的编制责任单位

本条例规定,水土保持方案的编报工作由开发建设单位或者个人负责。生产建设单位没有能力编制水土保持方案的,应当委托具备相应技术条件的机构编制。水土保持方案既要对主体工程的设计报告进行水土保持论证，对水土流失防治目标、任务和标准作出部署，还要对水土保持工程措施、植物措施、临时措施进行设计，对水土保持方案实施提出要求，技术复杂，专业性强。同时，生产建设项目水土流失防治关系人民群众的切实利益，涉及公众生命和财产安全。因此，作为主体工程项目技术设计的组成部分，同建设项目主体设计一样，要求编制单位熟悉国家有关法律法规和技术规程规范，具备相应的技术条件和能力，并由有关行业组织实施管理，具体管理办法由该行业组织制定。

需要注意的是，根据《国务院关于第一批清理规范 89 项国务院部门行政审批中介服务事项的决定》（国发［2015］第 58 号）等有关规定，生产建设单位可以自行编制或者委托有关机构编制水土保持方案，对有关机构及其相关人员在资质或资格方面并无相关要求，审批部门不得以任何形式要求申请人必须委托特定中介机构提供服务。[1]相应的，中国水土保持学会也将水土保持方案编制的资质管理制度修改为生产建设项目水土保持方案编制单位水平工作。

三、水土保持方案的审批部门

（一）审批部门

本条规定，水土保持方案的审批部门为县级以上人民政府水行政主管部门。水土保持方案变更审批。水土保持方案是项目立项审批或核准阶段的技术文件，大多数行业和项目达到可行性研究的设

---

［1］ 在 2015 年国发［2015］第 58 号以及水利部办水保［2015］247 号文件发布之前，水土保持编制实行资质管理。根据水利部《关于将水土保持方案编制资质移交中国水土保持学会管理的通知》（水保［2008］329 号）中国水土保持学会获得了生产建设项目水土保持方案编制资格证书的认定权力。根据中国水土保持学会《生产建设项目水土保持方案编制资质管理办法》第 2 条规定，从事方案编制的单位，应是中国水土保持学会团体会员单位。该办法对水保方案编制人员以及编制机构都规定了相应的条件。

计深度。工程设计的后续阶段及在工程实施期间，主体工程的地点、规模发生重大变化时，将引起水土流失防治责任范围、水土保持防治措施及措施布置的变化，因此，必须根据《水土保持法》第25条第3款的规定，应当补充或修改水土保持方案并报原审批机关批准，此外，水土保持方案在实施过程中，水土保持措施发生重大变更的，报原审批机关批准。

综合本条例、《水土保持法》以及其他规范性文件的相关规定，水土保持方案的审批部门主要包括：

（1）水利部：其主要审批国务院审批（核准、备案）项目或者中央立项的水利项目的水土保持方案；跨省级行政区域的生产建设项目的水土保持方案。

（2）江西省审批的水保方案包括水利部下放的项目、省政府立项项目和省级立项跨区市项目，其他项目下放至区市。

（3）赣州市审批的水保方案主要包括江西省下放的项目以及其他项目。

（4）县级人民政府主管部门审批的水保方案主要包括赣州市下放的本级权限范围内项目（赣州市人民政府办公室印发《关于对全市开发区放权赋能的若干措施（试行）》）以及水土保持方案报告表以及其他项目。

但是由于机构改革等原因，具体行使水保方案审批的机构有所差异。如赣州市本级则由赣州市行政审批局行使相应职权，而章贡区则由水土保持局行使该项职权，全南县则由水利局行使相关职权。

（二）审批程序

审批所用材料：开发建设单位或个人要求审批水土保持方案的，应当向有审批权的水行政主管部门提交书面申请和水土保持方案报告书或者水土保持方案报告表各一式三份。

审批时限：有审批权的水行政主管部门受理申请后，应当根据有关法律、法规和技术规范组织审查，或者委托有关机构进行技术评审。水行政主管部门应当自受理水土保持方案报告书审批申请之日起20日内，或者应当自受理水土保持方案报告表审批申请之日起10日内，作出审查决定。但是，技术评审时间除外。对于特殊性质或者特大型开发建设项目的水土保持方案报告书，20日内不能作出审查决定的，经本行政机关负责人批准，可以延长10日，并应当将延长期限的理由告知申请单位或者个人。

水土保持方案报告的审批条件：（1）符合有关法律、法规、规章和规范性文件规定；（2）符合《开发建设项目水土保持方案技术规范》等国家、行业的水土保持技术规范、标准；（3）水土流失防治责任范围明确；（4）水土流失防治措施合理、有效，与周边环境相协调，并达到主体工程设计深度；（5）水土保持投资估算编制依据可靠、方法合理、结果正确；（6）水土保持监测的内容和方法得当。

技术评审：水土保持方案报告书应当进行技术评审，技术评审意见作为行政许可的技术支撑和基本依据。水行政主管部门或者其他审批部门组织开展技术评审，评审费用应当纳入各级财政预算，禁止向生产建设单位收取或者变相收取评审费用。实行承诺制管理的项目水土保持方案，由生产建设单位从省级水行政主管部门水土保持方案专家库中自行选取至少一名专家签署是否同意意见，审批部门不再组织技术评审。技术评审单位对技术评审意见、专家对签署的意见负责。

申请人权利和义务：申请人依法享有知情权、陈述权、申辩权、保密权，对于审批结果不服的或认为其合法权益受到侵害的，有权依法申请行政复议或者提起行政诉讼；其合法权益因行政机关违法实施受到损害的，有权依法要求赔偿。

当然，申请人应当如实向行政机关提交有关材料和反映真实情况，并对其申请材料实质内容的真实性负责；依法接受、配合考核和监督检查。

第十四条【分期、改建、扩建项目水土保持方案的要求】

分期建设的生产建设项目，水土保持方案可以分期编制；改建、扩建的生产建设项目，水土保持方案应当重新编制。

【条文释义】

本条规定了水土保持方案编制要求，分期建设的生产建设项目，水土保持方案可以分期编制，以达到水土保持方案与建设工程同步的目的。

根据我国有关水土保持法律、法规的要求，凡从事可能造成水土流失的开发建设项目，都必须采取有效措施保护水土资源，治理因建设活动引起的水土流失。按照相关规定，开发建设项目应在项目可行性研究阶段编报水土保持方案，并根据批准的水土保持方案进行前期勘测设计工作。为了处理好建设项目开发与环境保护的关系，有效控制因工程建设可能造成的水土流失，保护当地的生态环境，审慎编制和对照实施水土保持方案是十分必要的。对于分期建设的开发项目，分期进行编制方案实际上是基于建设项目"三同时"的要求，对水土保持设施与建设项目同时施工并同时投产使用的要求。

具体而言，水土保持方案编制主要遵循以下原则：（1）"谁开发、谁保护、谁造成水土流失、谁负责治理"的原则；（2）贯彻落实"三同时"制度；（3）预防为主的原则；（4）生态优先的原则；(5) 与主体工程相衔接的原则；(6) 综合防治、突出重点的原则；(7) 经济技术合理原则。

对于改建、扩建的工程，其已经构成一个新的建设项目，根据本条例13条之规定，其应当重新编制水土保持方案，并报相应的有审批权限的水行政主管部门审批。

第十五条【水土保持区域评估制度】

各类开发区建设实行水土保持区域评估制度。开发区管理机构在通水、通电、通路、通讯、通气、平整土地之前应当编制水土保持区域评估报告，报批准设立开发区的同级人民政府水行政主管部门审批。开发区内的生产建设项目水土保持方案实行承诺制或者备案制管理。

【条文释义】

一、适用范围

本条适用于各类开发区。根据《江西省开发区条例》和《水利部办公厅关于进一步优化开发区内生产建设项目水土保持管理工作的意见》等法律文件规定，开发区为国务院和省级人民政府批准设立的各类开发区，包括经济技术开发区、高新技术产业开发区、海关特殊监管区域等国家级开发区和经济开发区、工业园区、高新技术产业园区等省级开发区。江西省现有一百余家开发区（含4个海关特殊监管区），投产工业企业数占全省70%以上，工业增加值、实际利用外资、高新企业数均占全省80%以上，对推动江西省工业化、城镇化快速发展和对外开放发挥了不可替代的作用。赣州市现有国家级开发区4个，其他类型的开发区、工业园区多个。

二、特殊规定

本条是第 13 条适用的例外。

(一) 对开发区内项目全面实行水土保持承诺制管理

根据本条以及《水利部办公厅关于进一步优化开发区内生产建设项目水土保持管理工作的意见》等法规、文件之规定，对开发区内项目全面实行承诺制管理，具体表现在以下几个方面：

(1) 优化方案审批。开发区内应当编制水土保持方案的项目全面实行承诺制管理（弃渣场设置在开发区外的除外）。生产建设单位应在项目开工建设前，按规定编制水土保持方案报告书或报告表，向具有相应水土保持方案审批权限的审批部门提交申请材料。审批部门按水土保持承诺制相关要求办理，对收到的申请材料仅进行形式审查，不再组织技术评审。

(2) 探索统一监测。鼓励开发区管理机构对开发区或开发区一定区域统一开展水土保持监测。开发区管理机构统一开展水土保持监测的，其监测成果可供区域内项目共享使用，区域内应当开展水土保持监测的项目可不再单独开展。

(3) 简化验收材料。开发区内实行水土保持承诺制管理的项目，在其投产使用或者竣工验收前，应当开展水土保持设施自主验收，并按规定向相应水行政主管部门报备，报备时只需提供水土保持设施验收鉴定书。

(二) 推行实施开发区水土保持区域评估制度

1. 水土保持区域评估

根据《江西省水土保持区域评估办法（试行）》相关规定，水土保持区域评估是指围绕区域总体规划设计进行分析与评价，对选址方案、建设方案、工程占地、土石方平衡、取土场、弃渣场、施工方法、主体工程规划设计中具有水土保持功能的工程等方面提出评价结论,明确水土流失防治责任范围,提出水土流失防治措施、工程量及投资估算。

根据本条及《水利部办公厅关于进一步优化开发区内生产建设项目水土保持管理工作的意见》等法规、文件之规定,对由开发区管理机构统一组织实施"五通一平"的开发区,推行实施水土保持区域评估。开发区管理机构应在"五通一平"前编制水土保持区域评估报告,并报批准设立开发区的同级人民政府水行政主管部门审查。开发建设期限超过5年的区域,可以分期编报水土保持区域评估报告。

审批申请材料主要包括申请书、水土保持区域评估报告。水土保持区域评估报告原则上应依据开发区控制性详细规划编制,主要内容包括确定水土流失防治责任范围及责任主体,分析区域土石方平衡情况并提出综合利用方案,调查表土资源分布情况并提出保护利用方案,综合提出区域水土流失总体控制目标及防治措施体系,明确区域内项目水土保持要求等。

审批程序:审批部门应当组织评审专家、有关人员召开技术审查会,对水土保持区域评估报告进行审查并出具意见。技术审查专家组组长应当由省级水土保持方案专家库中从事过水土保持工作、具有高级技术职称,担任过大中型项目水土保持方案审查专家组组长的专家担任。审批部门应当在10个工作日内依法作出是否同意的决定。

2. 生产建设项目水土保持方案实行承诺制

水土保持区域评估报告批复同意后,区域内生产建设项目水土保持方案实行审批承诺制。区域内生产建设单位应当依照水土保持法规和相关技术规范要求,科学编制水土保持方案,并报送具有相应审批权限的审批部门进行审批承诺制。

申请审批材料包括水土保持承诺书、专家前述的技术审查意见和水土保持方案。

生产建设单位办理水土保持方案审批手续时应当对以下内容作出书面承诺：（1）已经知晓并将认真履行水土保持各项法定义务；（2）所填写的信息真实、完整、准确，提交的水土保持方案符合相关法律法规、技术标准的要求；（3）严格执行水土保持"三同时"制度，按照所提交的水土保持方案，落实各项水土保持措施，有效防治项目建设中的水土流失；项目投产使用前完成水土保持设施自主验收并报备；（4）依法依规足额缴纳水土保持补偿费；（5）积极配合水土保持监督检查；（6）愿意承担作出不实承诺或者未履行承诺的法律责任和失信责任。

办理承诺制的程序包括自主公开、提交申请、主管部门审核等。

（1）自主公开。水土保持方案在报批前，生产建设单位应当通过其网站、生产建设项目所在地公共媒体网站或者相关政府网站向社会公开拟报批的水土保持方案全文，且持续公开期限不得少于10个工作日。对于公众提出的问题和意见，生产建设单位应当逐一处理与回应，并在水土保持行政许可承诺书中予以说明。

（2）提交申请。生产建设单位应当在项目开工前，向具有相应审批权限的水行政主管部门（或者地方各级人民政府确定的其他水土保持方案审批部门）提交申请材料。申请材料包括水土保持行政许可承诺书和水土保持方案。

（3）主管部门审核。水行政主管部门对收到的申请材料，仅进行形式审查。对申请材料齐全、格式符合规定要求的，应当在受理后即来即办、现场办结，出具水土保持方案准予许可决定，明确水土保持补偿费征收金额。对申请材料不齐全、不符合规定格式要求的，应当当场一次告知需补正的材料及要求。对不属于承诺制管理范围的，应当告知申请人按照相关规定程序申请办理。

生产建设单位取得水土保持方案准予许可决定后，生产建设项目方可开工建设。建设期间，生产建设单位应当在项目现场建设管理的场所公开水土保持方案行政许可承诺书，并严格落实各项水土流失防治措施。

事中事后监管。水行政主管部门应当将水土保持方案的真实性和质量作为日常监管内容，对水土保持方案报告书存在较严重质量问题或者报告表存在"以大报小"问题的，应当撤销作出的准予许可决定，并责成生产建设单位按非承诺制方式限期重新办理水土保持方案审批手续；涉及其他审批部门作出准予许可决定的，水行政主管部门应当提出撤销准予许可决定的建议意见，由作出许可决定的审批部门予以撤销。

第十六条【"三同时"制度】

生产建设单位应当在可能造成水土流失的生产建设项目开工建设后的十个工作日内，向水行政主管部门书面报告开工信息；生产建设项目中的水土保持设施，应当与主体工程同时设计、同时施工、同时投产使用。

生产建设单位编制的水土保持方案经批准后，应当开展水土保持方案后续设计，并将其纳入工程主体设计和预算；水土保持设施建设应当纳入生产建设项目招投标和施工合同；生产建设项目竣工验收，应当验收水土保持设施，分期建设、分期投产使用的，其水土保持设施应当分期验收，未经验收或者验收不合格的，生产建设项目不得投产使用。

【条文释义】

一、生产建设单位的施工提前报告义务

本条设置了生产建设单位的施工提前报告义务，这是水行政主管部门对生产建设单位是否落实水土保持方案中义务的监督，是事中事后监管的前提。这是为了持续深化"放管服"改革，坚持放管结合、并重，把更多行政资源从事前审批转到加强事中事后监管上来，加快构建权责明确、公平公正、公开透明、简约高效的事中事后监管体系，形成市场自律、政府监管、社会监督互为支撑的协同监管格局，切实管出公平、管出效率、管出活力，促进提高市场主体竞争力和市场效率，推动经济社会持续健康发展。

二、"三同时"制度的基本内涵

（一）"三同时"制度的必要性

"三同时"制度是同时设计、同时施工、同时投产使用的简称。该制度起源并发展于建设项目的环境保护管理工作，是我国环境保护工作的一个创举，是在总结我国环境保护管理实践经验基础上，由我国法律所确认并在建设项目环境保护中发挥着积极作用的一项重要的环境保护法律制度。该制度理念已被广泛引入建设项目的水土保持、安全、节水、职业卫生等行业管理。2010年修订的《水土保持法》引入了这一制度。

生产建设项目保持"三同时"制度，是督促生产建设单位在生产建设全过程落实水土流失防治要求的一项保障制度，是在多年水土保持工作实践中，防治生产建设项目水土流失行之有效的方法，也是贯彻预防为主原则，防治生态破坏的有效措施，是生产建设项目从始至终全过程履行防治水土流失义务的保证。

（二）"三同时"制度的基本内涵[1]

同时设计。生产建设项目水土保持设施的设计要与项目主体工程设计同时进行，以保证其针对性、可操作性。工程设计过程是分阶段逐步深化的，主要包括项目可行性研究报告、初步设计和施工图设计。同时设计就是指在可行性研究阶段要编报水土保持方案，在初步设计和施工图设计阶段要根据批准的水土保持方案和有关技术标准，组织开展水土保持设计，编制水土保持设计篇章，并成为工程设计的重要组成部分。

同时施工。水土保持设施应当与主体工程建设同步建设实施。水土保持措施不能滞后于主体工程，应当与主体工程建设基本同步，以达到防治水土流失的目的；水土保持设施施工的时效性强，生产项目在施工过程中，如果不及时采取措施，就可能导致严重的水土流失，开挖面、弃渣场等还可能引发崩塌、滑坡、泥石流等灾害，危及人民生命财产安全。同时施工是确保水土保持设施及时、有效发挥作用，建设过程中的水土流失得到有效防治，水土流失危害得到有效控制的必要手段。

同时投产使用。完成的水土保持设施与主体工程同时投产使用，以确保生产建设项目水土流失防治责任的全面落实。水土保持设施应与主体工程同时完成，并同时投产使用，既发挥防治水土流失、恢复和改善生态环境的作用，也保障主体工程安全运行。不能出现主体工程已经完工甚至投产使用，而水土保持措施没有完成，水土流失依然存在的情况。水土保持设施竣工验收是水土保持"三同时"制度中"同时投产使用"的中心内容，也是水土保持"三同时"制度能否得到贯彻落实的关键环节，同时也是检验生产建设

---

[1] 参考牛崇桓：《新水土保持法主要制度解读》，载《中国水利》2011年第12期。

项目是否按照批准的水土保持方案对建设活动造成水土流失进行了有效的防治，防治的效果是否达到了水土保持有关规范的要求。

三、水土保持设施的验收是生产建设项目投产使用的前置性条件

（一）水土保持设施验收是生产建设项目竣工验收的专项验收

水土保持设施竣工验收是水土保持"三同时"制度中"同时投产使用"的具体规定，是检验生产建设项目是否依法履行水土流失防治义务，是否按照批准的水土保持方案及时有效地实施了水土流失防治措施，防治的效果是否达到了国家标准和要求的重要检验过程。水土保持设施竣工验收是把好生产建设项目人为水土流失的最后一道关口，水土保持方案批准机关必须把好水土保持设施竣工验收关，确保责任明确、方案和设计得到落实，达到水土保持设施设计效果，并长期发挥作用。本条款还规定：分期建设、分期投产使用的，其水土保持设施应当分期验收，未经验收或者验收不合格的，生产建设项目不得投产使用。条文意在规范分期建设及投产使用的水土保持设施，对于这些设施应当分期严守，保证水土保持设施与生产建设项目同时设计、同时施工、同时投产使用。

（二）水土保持设施的验收是生产建设项目投产使用的前置性条件

水土保持设施未经验收或者验收不合格的，生产建设项目不得通过竣工验收，不得投产使用。

四、水土保持设施验收

（一）验收的主体

2017年《国务院关于取消一批行政许可事项的决定》取消了

各级水行政主管部门实施的生产建设项目水土保持设施验收审批行政许可事项，转为生产建设单位按照有关要求自主开展水土保持设施验收。并明确，取消审批后，应通过以下措施加强事中事后监管：制定完善水土保持的有关标准和要求，生产建设单位按标准执行；要求生产建设单位应当加强水土流失监测，在生产建设项目投产使用前，依据经批复的水土保持方案及批复意见，组织第三方机构编制水土保持设施验收报告，向社会公开并向水土保持方案审批机关报备；强化"生产建设项目水土保持方案审批"，加强对水土保持方案实施情况的跟踪检查，依法查处水土保持违法违规行为，处罚结果纳入国家信用平台，实行联合惩戒。

（二）编制水土保持方案报告书的生产建设项目水土保持设施自主验收

1. 验收责任主体

生产建设单位是生产建设项目水土保持设施验收的责任主体，应当在生产建设项目投产使用或竣工验收前，自主开展水土保持设施验收，完成报备手续。生产建设项目水土保持设施验收一般应当按照编制验收报告、组织竣工验收、公开验收情况、报备验收材料的程序开展。

2. 自主验收包括水土保持设施报告编制和竣工两个阶段

自主验收应以水土保持方案（含变更）及其批复、水土保持初步设计、施工图设计和审批（审查、审定）意见为主要依据。

自主验收应包括的主要内容有：水土保持设施建设完成情况，水土保持设施质量，水土流失防治效果，水土保持设施的运行、管理及维护情况。

自主验收合格应具备的条件有：水土保持方案（含变更）编报、初步设计和施工图设计等手续完备；水土保持检测资料齐全，成果可靠；水土保持监理资料齐全，成果可靠；水土保持设施按经批准的水土保持方案（含变更）、初步设计和施工图设计建成，符合国家、地方、行业标准、规范、规程的规定；水土流失防治指标达到了水土保持方案批复的要求；重要防护对象不存在严重水土流失危害隐患；水土保持设施具备正常运行条件，满足交付使用要求，且运行、管理及维护责任得到落实。

（1）水土保持设施验收报告编制。水土保持设施验收报告由第三方技术服务机构（简称第三方）编制。第三方编制水土保持设施验收报告，应符合水土保持设施验收报告示范文本的格式要求，对项目法人法定义务履行情况、水土流失防治任务完成情况、防治效果情况和组织管理情况等进行评价，作出水土保持设施是否符合验收合格条件的结论，并对结论负责。第三方机构是指具有独立承担民事责任能力且具有相应水土保持技术条件的企业法人、事业单位法人或其他组织。水行政主管部门和其他机构不得以任何形式推荐、建议和要求生产建设单位委托特定第三方机构提供水土保持设施验收报告编制服务。

第三方评价内容主要有：

①项目法人水土保持法定义务履行情况，包括评价水土保持方案（变更）编报手续完备情况；评价水土保持初步设计和施工图设计开展情况；评价水土保持检测工作开展情况，包括重要防护对象月度影像记录保存情况；评价水土保持建立工作开展情况；复核水土保持补偿费缴纳情况。

②水土流失防治任务完成情况，包括复核水土流失防治责任范围；复核弃土渣场、取土料场选址及防护等情况；复核水土保持工程措施、植物措施及临时措施等的实施情况；复核水土保持分部工程和单位工程相关验收资料；复核表土剥离保护情况；复核弃土渣

综合利用情况。

③水土流失防治效果情况，包括评价水土流失是否得到控制，水土保持设施的功能是否正常、有效；评价重要防护对象是否存在严重水土流失危害隐患情况；复核水土流失防治指标是否达到水土保持方案批复的要求；个别水土流失防治指标不能达到要求的，应根据当地自然条件、项目特点及相关标准分析原因，并评价对水土流失防治效果的影响。

④水土保持工作组织管理情况，包括复核水土保持设施初步验收、监测、监理等验收资料的完整性、规范性和真实性；复核水行政主管部门水土保持监督检查意见的落实情况；评价水土保持设施的运行、管理及维护情况。

第三方开展评价工作应采用资料查阅、走访、现场核查等方法，其中涉及重要防护对象的应全部核查。

（2）水土保持设施竣工验收，由项目法人按规范格式制发水土保持设施验收鉴定书。竣工验收在第三方提交水土保持设施验收报告后，生产建设项目投产运行前完成。应由项目法人组织，一般包括现场查看、资料查阅、验收会议等环节。

竣工验收应成立验收组，验收组由项目法人和水土保持设施验收报告编制、水土保持监测、监理、方案编制、施工等有关单位代表组成。项目法人可根据生产建设项目的规模、性质、复杂程度等情况邀请水土保持专家参加验收组。验收结论应经2/3以上验收组成员同意。验收组应从水土保持设施竣工图中选择有代表性、典型性的水土保持设施进行查看，有重要防护对象的应重点查看。验收组应对验收资料进行重点抽查，并对抽查资料的完整性、合规性提出意见。验收组查阅内容参见附录水土保持设施验收应提供的资料清单。

召开验收会议,主要围绕的内容有:水土保持方案编制、监测、监理等单位汇报相应工作及成果;第三方汇报验收报告编制工作及成果;验收组成员质询、讨论,并发表个人意见;讨论形成验收意见和结论;验收组成员对验收结论持有异议的,应将不同意见明确记载并签字。

需要注意的是,出现以下情况之一的,水土保持设施验收结论应当为不合格:未依法依规履行水土保持方案及重大变更的编报审批程序的;未依法依规开展水土保持监测或补充开展的水土保持监测不符合规定的;未依法依规开展水土保持监理工作;废弃土石渣未堆放在经批准的水土保持方案确定的专门存放地的;水土保持措施体系、等级和标准未按经批准的水土保持方案要求落实的;重要防护对象无安全稳定结论或结论为不稳定的;水土保持分部工程和单位工程未经验收或验收不合格的;水土保持监测总结报告、监理总结报告等材料弄虚作假或存在重大技术问题的;未依法依规缴纳水土保持补偿费的。

3. 报备

报备主要有材料公示和报送主管部门备案两个阶段。

(1)公示阶段。生产建设单位应当在水土保持设施验收合格后,及时在其官方网站或者其他公众知悉的网站公示水土保持设施验收材料,公示时间不得少于20个工作日。对于公众反映的主要问题和意见,生产建设单位应当及时给予处理或者回应。

编制水土保持方案报告书的生产建设项目水土保持设施验收材料包括水土保持设施验收鉴定书、水土保持设施验收报告和水土保持监测总结报告;编制水土保持方案报告表的验收材料为水土保持设施验收鉴定书。由于开发区内项目全部实行承诺制或备案制管理,因此其只需要提交水土保持设施验收鉴定书,其中水土保持设施验收组中应当至少有一名省级水行政主管部门水土保持方案专家库专家。

（2）报送水行政主管部门备案阶段。生产建设单位应当在水土保持设施验收通过3个月内，向审批水土保持方案的水行政主管部门或者水土保持方案审批机关的同级水行政主管部门报备水土保持设施验收材料。对报备材料完整、符合格式要求的，水行政主管部门或者其水土保持机构应当在5个工作日内出具水土保持设施验收报备回执，并定期在门户网站公告。对报备材料不完整或者不符合格式要求的，应当在5个工作日内一次性告知生产建设单位需要补正的全部内容。

4. 水土保持设施验收核查

根据《水利部关于加强事中事后监管规范生产建设项目水土保持设施自主验收的通知》等有关文件要求，在水土保持设施验收由审批改为自主验收后，要加强对水土保持设施自主验收的监管，以自主验收是否履行水土保持设施规定程序、是否满足水土保持设施验收标准和条件为重点，开展对自主验收的核查，落实生产建设单位水土保持设施验收和管理维护主体责任。

对核查中发现的弄虚作假，不满足水土保持设施验收标准和条件而通过验收的，视同为水土保持设施验收不合格，县级以上人民政府水行政主管部门和流域管理机构应以书面形式告知生产建设单位，并责令其依法依规履行水土流失防治责任，达到验收标准和条件后重新组织水土保持设施验收。

核查对象。水行政主管部门应当从已报备的生产建设项目中选取水土保持检测评价为"红"色的，以及根据跟踪检查和验收报备材料核查的情况发现可能存在较严重水土保持问题的，开展水土保持设施情况核查。

开始核查。核查单位应当在出具报备回执12个月内组织开展核查，根据需要可以邀请项目所在地相关水行政主管部门或者专家参加。

核查内容。核查应当依据水土保持设施验收标准和条件开展，重点核查验收材料、验收程序、措施落实和防治效果等内容。水土保持设施完成情况核查以重点抽查和随机抽查相结合的方式进行。水土保持设施质量核查以查阅监理资料为主，结合现场随机抽查的方式进行。水土流失防治效果核查以查阅监测资料和现场随机抽查的方式进行。

形成核查结论。核查单位根据核查情况形成核查结论。未发现"不合格"情形的，应当给出"水土保持设施验收程序履行、验收标准和条件执行方面未发现严重问题"的结论。对不符合规定程序或不满足验收标准和条件的，应当给出"视同为水土保持设施验收不合格"的结论。

下发核查意见书。核查结束后，核查单位应当及时印发核查意见。核查意见主要内容包括核查工作开展情况、发现的问题、核查结论及下一步要求等。对于核查结论为"视同为水土保持设施验收不合格"的，应当列出核查发现的问题清单。

行政处罚。视同为水土保持设施验收不合格的，核查单位应当以书面形式告知生产建设单位，责令其限期整改。逾期不整改或者整改不到位投产使用的，由地方水行政主管部门按照《水土保持法》第54条的规定进行处罚。

（三）编制水土保持方案报告表的生产建设项目水土保持设施自主验收

根据《水利部关于进一步深化"放管服"改革全面加强水土保持监管的意见》等规定，征占地面积在0.5公顷以上5公顷以下或者挖填土石方总量在1000立方米以上5万立方米以下的项目编制水土保持方案报告表。对该类型项目一般实行承诺制或备案制管理。根据《水利部办公厅关于印发生产建设项目水土保持设施自主验收规程（试行）的通知》精神，编制水土保持方案报告表的生产建设项目水土保持设施的验收规程，由省级水行政主管部门按照务实、简便、易操作的原则制定。

通常情况下，编制水土保持方案报告表的生产建设项目，不需要编制水土保持设施验收报告。

自主验收程序。生产建设单位组织开展水土保持设施验收时，验收组中应当有至少一名江西省省级生产建设项目水土保持方案专家库专家参加并签署意见，专家独立验收意见应明确水土保持设施是否具备验收条件；验收技术咨询单位（应具有独立承担民事责任能力且具有相应水土保持技术条件的企业法人、事业法人或者其他组织）应当出具验收技术意见；形成的水土保持设施验收鉴定书应当明确水土保持设施验收合格与否的结论。

组织验收材料。验收材料包括验收鉴定书、附件、附图。鉴定书内容按现行的验收鉴定书提纲格式编写，其中验收组成员签字表中应有验收技术咨询单位代表、专家签名；附件包括专家独立验收意见、验收技术咨询单位验收技术意见、分部工程和单位工程验收签证表、验收技术咨询单位营业执照、水土保持方案批复、主体工程设计批复、水土保持补偿费缴费凭证；附图包括现场完工验收照片、工程验收位置范围卫星影像图、水土流失防治责任范围图、水土保持措施布设竣工验收图等。鉴定书与附件、附图分开装订成册。

公示验收材料。水土保持设施验收合格后，建设单位应当及时在其官方网站或其他公众熟悉的网站公示水土保持设施自主验收材料，公示时间不得少于 20 个工作日。对于公众反映的主要问题和意见，生产建设单位应及时给予处理或回应。

报备验收材料。生产建设单位应当在水土保持设施验收通过3个月内，向水行政主管部门报备水土保持设施验收材料，报备材料包括水土保持设施验收鉴定书及附件、附图、水土保持设施验收备案表、报备申请表、网上公示证明材料、报备材料清单等。

第十七条【出现停工停产等情况时应采取水土保持措施】

生产建设项目停建、缓建或者停工、停产的，生产建设单位应当对可能造成水土流失的裸露面、废弃的土、石、渣等采取覆盖、拦挡、坡面防护、防洪排导等水土保持措施，消除水土流失隐患或者危害。

【条文释义】

实际操作层面上，生产建设项目出现停建等情况时，其之前因为生产建设扰动地表的行为，依然可能会造成水土流失，并不因为停建、缓建或者停工、停产而导致水土流失同时停滞。例如，虽然生产建设项目停建、缓建或者停工、停产，但因为生产建设项目而产生裸露面、废弃的土、石、渣，依然会因为自然因素或人为因素造成水土流失隐患或者危害。为了贯彻水土保持预防为主、保护优先的原则，本条例附加生产建设单位采取水土保持措施，防治水土流失。本条例列举了几种常见的水土保持措施。

法律规范层面上，生产建设项目停建、缓建或者停工、停产的，对于可能造成水土流失的裸露面、废弃的土、石、渣等采取覆盖、拦挡、坡面防护、防洪排导等水土保持措施也是必要的。除本条款规定外，上位法也有相关规定。例如，《水土保持法》第28条规定：依法应当编制水土保持方案的生产建设项目，其生产建设活动中排弃的砂、石、土、矸石、尾矿、废渣等应当综合利用；不能综合利用，确需废弃的，应当堆放在水土保持方案确定的专门存放地，并采取措施保证不产生新的危害。这一条文中所阐述的采取措施保证不产生新的危害，实际上也是规定在后续生产建设项目停建、缓建或者停工、停产的事后，应当保障相关的水土保持设施。

根据"谁建设、谁保护、谁造成水土流失、谁负责治理"的原则，生产建设单位是水土流失治理的第一责任人。因此，即使是生产建设项目停建、缓建或者停工、停产的，生产建设单位依然负有建设和维护水土保持设施的责任。本条例列举了几种常见的水土保持措施。当然，采取的水土保持措施应因地制宜，不能千篇一律。

第三章 治 理

本章共 6 条,对水土保持综合治理、水土保持生态效益补偿、水土保持补偿费、社会公众参与治理等做了规定。

第十八条【综合治理】

市、县级人民政府应当根据水土保持规划,组织有关部门和单位,以小流域为单元,有计划地对水土流失进行综合治理。水土流失的治理应当与开发利用水土资源、改善生态环境相结合,注重提高生态、经济、社会效益。

【条文释义】

根据本条例规定,市、县级政府是水土流失综合治理的责任主体。这也是本条例第 4 条政府职责的体现和要求。县级以上地方人民政府应当组织国有农场、林场、牧场和农业集体经济组织及农民,在禁止开垦坡度以下的坡耕地,按照水土保持规划,修筑水平梯田和蓄水保土工程,整治排水系统,治理水土流失。

水土流失综合治理应坚持以小流域治理为单位,坚持水土资源、改善生态环境相结合,注重提高生态、经济、社会效益。

一、小流域综合治理

（一）小流域综合治理的内涵

小流域综合治理是根据小流域自然和社会经济状况以及区域国

民经济发展的要求，以小流域水土流失治理为中心，以提高生态经济效益和社会经济持续发展为目标，以基本农田优化结构和高效利用及植被建设为重点，建立具有水土保持兼高效生态经济功能的半山区小流域综合治理模式。

以小流域为单元，在全国规划的基础上，合理安排农、林、牧、副各业用地，布置水土保持农业耕作措施、林草措施与工程措施，做到互相协调、互相配合，形成综合的防治措施体系，以达到保护、改良与合理利用小流域水土资源的目的。在中国，进行综合治理的小流域面积一般规定在30平方公里以下，最大不超过50平方公里。

中国小流域综合治理起步于20世纪80年代初，经过20多年的水土流失治理实践，逐步探索出了一条以小流域为单元综合治理的经验，即以小流域为治理单元，对每条小流域进行规划设计、审查、施工、检查、验收。一条小流域的治理一般需要5年时间，逐年成批地开展治理，就形成了对整个江河水土流失的治理。一条大流域可以划分为成百上千乃至上万条小流域实施治理

（二）小流域综合治理的各国经验

世界上开展小流域治理较早的国家有欧洲阿尔卑斯山区的奥地利、法国、意大利、瑞士等国以及亚洲的日本。奥地利早在15世纪就开始了小流域综合治理，当地称为荒溪治理。1882年维也纳农业大学林学系设立了荒溪治理专业，培训人才。1884年6月奥地利颁布了世界上第一部小流域综合治理法律——《奥地利荒溪治理法》。法国、意大利、瑞士、德国等国，吸取了奥地利的经验，自19世纪以来，也大力开展了荒溪治理工作。日本在17世纪开始设置机构进行荒溪治理，称为防沙工程。美国于1933年成立田纳西河流域管理局，开始有计划地进行小流域治理工作。德国在1973—

1982年，由政府投资治理了250个小流域（荒溪）。伊朗、土耳其、朝鲜、罗马尼亚、印度等国均成立了专门的小流域治理机构，并取得了显著成效。新西兰、委内瑞拉、牙买加、印度尼西亚等国政府采用资助的办法鼓励农民开展小流域治理。联合国粮农组织欧洲林业委员会山区流域治理工作组从1950—1984年先后在奥地利、瑞士等国举行了13次国际学术会议，交流小流域治理经验。

（三）小流域综合治理的治理原则

治理工作与生态环境相协调，多层次优化利用资源，综合规划，统一治理，优化配置，全面发展。

（1）根据小流域内水土资源现状及社会经济条件，正确地确定生产发展方向，合理安排农、林、牧用地的位置和比例，积极建设高产、稳产基本农田，提高单位面积粮食产量，促进陡坡退耕，为扩大造林种草面积创造条件；

（2）水土保持工作要为调整农业生产结构，促进商品生产的发展和实现农业现代化服务；

（3）在布置治理措施时，使工程措施与林草措施及农业耕作措施相结合，治坡措施与治沟措施相结合，在地少人多的地区，林草措施面积比例可以小些；

（4）在实施顺序上，一般先坡面后沟道，先支、毛沟后干沟，先上中游后下游；

（5）讲求实效，注意提高粮食产量与经济收入，注意解决饲料、肥料和人畜饮水问题。

（四）小流域综合治理的技术措施

（1）水土保持农业耕作措施，也叫水土保持耕作法；

（2）水土保持林草措施，即水土保持造林措施及种草措施；

（3）水土保持工程措施，即在山坡水土保持工程中有梯田、坡面蓄水工程（水窖、涝池）、山坡截流沟等，在山沟治理工程中有谷坊、拦沙坝、沟道蓄水工程及山洪、泥石流排导工程等。

以小流域为单元进行综合治理是山丘区有效开展水土保持的根本途径。世界上许多国家已经把小流域治理和流域水土资源以及其他自然资源的开发、管理与利用结合起来，按流域成立了管理机构，加快治理速度，提高治理效果。

(五) 小流域综合治理的步骤

小流域综合治理的步骤大体上可分为综合分析、综合规划、综合治理、综合开发利用。

(1) 综合分析是指对治理小流域生态经济系统的组成要素做深入的调查与分析，要着重分析生态系统中水、土、气、生（动植物区系）等要素的现状以及主要生态环境问题的时空分布。社会经济系统要着重调查分析人口（数量、质量）、生产资料、生活资料、资金、科技水平等。要在综合分析的基础上，明确流域生态经济系统的人口承载力。在一些人口与资源、环境矛盾实在难以解决的地区，采取"生态移民"措施。

(2) 综合规划是指以小流域土地资源为重点的再生自然资源的合理利用规划。规划是小流域治理开发的重要组成部分。在宏观上，它使农、林、牧各业生产用地比例和产业结构有一个科学而合理的优化方案，使小流域生态经济系统的整体功能得以充分发挥。在微观上，具体安排各种治理措施于适宜的地方，制订详细的治理实施计划，指导小流域的治理与开发。以前，在黄土高原采用的规划方法有经验规划法、线性规划法、多目标规划法和非线性规划法。上述4种规划方法的规划手段虽有不同，但是其规划程序和步骤是大致相同的。规划方法是在20世纪80年代，由北京林业大学水土保持学院结合黄土高原水土保持规划提出的。小流域土地资源信息库在水土保持规划中的应用方法，仍然是各种规划方法的基础。因为，缺少准确的、落实到地块的小流域土地资源信息，就不可能编制出合理的规划方案，也不可能对生态经济系统实现可持续经营。保证综合规划的实施是水土保持监督管理的重要任务。

（3）综合治理是指以小流域为单元，以土地利用规划为基础，在各个地块上配置水土保持林草措施、工程措施及农业技术措施，形成综合防治体系。

①水土保持林草措施。水土保持林草措施可以使小流域的治理与开发融为一体。在小流域中，建设乔、灌、草相结合的生态经济型防护林体系，是实现流域可持续治理与开发的根本措施。在小流域中建立生态经济型防护林体系，一是可发挥林木特有的生态屏障功能，二是可为社会提供更多的林产品，提高经济效益。黄土高原小流域治理中的防护林体系主要包括分水岭防护林、护坡林、护埂林（地埂造林）、侵蚀沟道防护林、护岸护滩林、山地果园及经济林等。应根据区域自然历史条件和防灾、生态、经济建设的需要，将多用途的各个林种结合在一起，并布设在各自适宜的地域，形成一个多林种、多树种、高效益的防护整体。

②水土保持工程措施。水土保持工程措施是小流域治理与开发的基础，能为林草措施及农业生产创造条件，是防止水土流失，保护、改良和合理利用水土资源，并充分发挥各种资源的经济效益，建立良好生态环境的重要治理措施。

③水土保持农业技术措施。在水土流失的农田中，采用改变小地形、增加植被覆盖度、地面覆盖和土壤抗蚀力等方法，达到保水、保土、保肥、改良土壤、提高产量等目的的措施称为水土保持农业技术措施。以改变小地形为主的水土保持耕作措施有沟垄耕作、等高耕作等。可防止土壤水分蒸发、增加降水入渗。增加土壤

抗蚀力的措施有免耕、少耕、改良土壤理化性质等。随着水土流失治理与自然资源综合开发利用的结合，在一些小流域治理中已建成了以生态农业原理为基础，以高效、优质、可持续发展为目的的农林复合型、林牧复合型或农林牧复合型的复合生态经济系统。

综合开发利用是指在全面分析当地资源优势的基础上，针对流域生态经济系统的特征及市场经济特点，确定增加当地群众经济收入的产业，促进商品经济发展，加速群众脱贫致富奔小康的进程。

综合效益凡采用了以上所述综合措施，治理开发取得了很大进展的小流域，均取得了显著的生态效益、经济效益与社会效益，提高了小流域的可持续经营程度。

二、赣州市小流域治理模式

近些年来，赣南依托各种国家政策，积极践行可持续发展治水新思路，树立以人为本、统筹协调、和谐发展的新理念，坚持小流域为单元统一规划、综合治理的技术路线，在传统小流域综合治理模式的基础上，顺应时代发展潮流，按照现代水土保持要求，不断开拓创新，积极探索小流域建设新模式，涌现出一批生态安全型、生态经济型、生态清洁型和生态景观型等具有特色的小流域建设典型。[1]

三、赣州市小流域治理取得的效益

截至 2019 年，全市建成了一批有规范、标准高、效益好、示范功能强的水保生态建设示范工程，塘背河等 34 条小流域被国家评为"水土保持生态建设示范小流域"，兴国、瑞金、石城、安远 4 县（市）被评为"全国水土保持生态建设示范县"，章贡区被评

---

[1] 何世林、张声林：《赣南小流域建设模式的探索与思考》，载《中国水土保持》2015 年第 9 期。

为"全国水土保持生态建设示范城市"。近3年来，全市新创建水土保持生态示范园（村）56个，建成了南方崩岗综合治理示范区、废弃稀土矿山水土保持综合治理工程、水土保持科技示范园、水土保持生态文明示范村等示范工程，宁都县水土保持科技示范园、龙南市虔心小镇水土保持生态示范园、兴国县塘背水土保持科技示范园被水利部评为"国家水土保持科技示范园区"，上犹县园村小流域治理被水利部评为"国家水土保持生态文明清洁小流域建设工程"。这些水保生态文明示范工程，已成为赣州市生态环境建设的骨干工程。

第十九条【水土流失治理】

开办生产建设项目或者从事其他生产建设活动造成水土流失的，应当采取水土保持措施进行治理。施工期间应当采取覆盖、拦挡、排水、沉沙等临时措施，主体工程结束后应当及时在裸露土地上植树种草恢复植被，对闭库的尾矿库进行复垦。

【条文释义】

一、水土流失治理的责任主体

根据"谁建设、谁保护、谁造成水土流失、谁负责治理"的原则，生产建设单位是水土流失治理的第一责任人。

生产建设活动造成水土流失的，应当履行水土流失治理义务。这里所说的水土流失，是指开办生产建设项目或者其他生产建设活动导致的，既包括修建铁路、公路、水电站等建设项目造成的水土流失，也包括煤矿、铁路等企业在生产中造成的水土流失。治理因生产建设活动导致水土流失的主体，是开办生产建设项目或从事其他生产建设活动的单位或个人。

本条规定，责任主体采取的措施主要有：施工期间应当采取覆盖、拦挡、排水、沉沙等临时措施，主体工程结束后应当及时在裸露土地上植树种草恢复植被，对闭库的尾矿库进行复垦。

根据《中华人民共和国水土保持法实施条例》的相关规定，水土流失地区的集体所有土地承包给个人使用的，应当将治理水土流失的责任列入承包合同。当地乡、民族乡（镇）的人民政府和农业集体经济组织应当监督承包合同的履行。

荒山、荒沟、荒丘、荒滩的水土流失，可以由农民个人、联户或者专业队承包治理，也可以由企业事业单位或者个人投资投劳入股治理。

实行承包治理的，发包方和承包方应当签订承包治理合同。在承包期内，承包方经发包方同意，可以将承包治理合同转让给第三方。

企业事业单位在建设和生产过程中造成水土流失的，应当负责治理。因技术等原因无力自行治理的，可以交纳防治费，由水行政主管部门组织治理。防治费的收取标准和使用管理办法由省级以上人民政府财政部门、主管物价的部门会同水行政主管部门制定。

对水行政主管部门投资营造的水土保持林、水源涵养林和防风固沙林进行抚育和更新性质的采伐时，所提取的育林基金应当用于营造水土保持林、水源涵养林和防风固沙林。

二、尾矿库复垦

尾矿库是指筑坝拦截谷口或围地构成的，用以堆存金属或非金属矿山进行矿石选别后排出尾矿或其他工业废渣的场所。冶炼废渣形成的赤泥库，发电废渣形成的废渣库，也应按尾矿库进行管理。尾矿是指金属或非金属矿山开采出的矿石，经选矿厂选出有价值的精矿后排放的"废渣"。这些尾矿由于数量大，含有暂时不能处理的有用或有害成分，随意排放将会造成资源流失、大面积覆没农田或淤塞河道，污染环境。

因此需要对已经闭库的尾矿库进行特殊处理，本条规定对符合一定条件的尾矿库可以采取复垦。

尾矿复垦是指在尾矿库上复垦或利用尾矿在适宜地点充填造地等与尾矿有关的土地复垦工作。工业和信息化部、科学技术部、国土资源部、国家安全生产监督管理总局2010年联合发布的《金属尾矿综合利用专项规划（2010—2015年）》中称，尾矿库复垦是解决尾矿库表面沙化的重要措施。尾矿库复垦不仅可防止扬沙，而且可美化环境、减少污染，兼具经济效益、社会效益和环境效益。

此外，尾矿库按照使用状况分为在用的、停用的、闭库的和废弃的；按照矿种分为金属尾矿和非金属尾矿，而金属尾矿又分为有色金属和黑色金属。在非金属尾矿中，有的含砷等有毒元素；金属尾矿中，有的含镉、铅等重金属，有的含铀、钍、镭等放射性元素，有些尾矿库中还含有残留的浮选药剂。所以，对尾矿库的复绿、复垦必须逐一分析进行选择，不能千篇一律。尾矿库生态复绿、复垦前需要遵守几项原则：

一是适合原则。对于含重金属、有毒元素的、有放射性元素的尾矿库要分别选择不会富集重金属、毒素的植物。当然，还要研究是否有可以在含有放射性的尾矿库上生长而又含极低放射性元素或不含放射性元素的植物。

二是适应原则。要充分考虑尾矿库的地理位置、气候特点以及尾砂、排放的矿水、空气中的污染物等各种环境因素对植物的影响，只有选择能够适应这种环境的植物才能确保其成活、生长。

三是配合原则。对于废弃的尾矿库应坚持常绿树种和落叶树种相配合；不同叶形、不同树种相配合；种类不同、花色各异的花草与灌木相配合。只有丰富而有层次的植物生态结构才能迸发出更长久的生命力，才会恢复环境的自然状况。

四是经济原则。对于准备日后再作为资源用的尾矿库，要尽可能减少覆盖土方的数量，无论是对当前复绿还是对日后开发利用尾矿来说，这都是省时、省力、省成本的做法。对于各种各样的尾矿库要尽可能减少种植和养护等工作的成本，要选择容易成活、养护方便、来源广泛的植物。

第二十条【生态效益补偿】

市、县级人民政府应当按照属地管理和分级负担原则，将水土保持生态效益补偿纳入本行政区域的生态效益补偿范围，并安排一定生态效益补偿资金用于水土流失预防和治理。

【条文释义】

一、生态效益补偿概述

（一）生态效益补偿的基本内涵

生态效益补偿又称为生态补偿，有学者结合理论分析认为生态补偿主要指向两种行为：第一种是"生态损害减轻行为"或者称为"生态修复行为"，是指直接或间接从事生态损害减轻工程的行为。它之所以产生是因为前置性环境保护义务的存在。第二种是对从事生态损害减轻行为的主体进行经济补偿的行为。[1]生态补偿涉及两种不同的前置性义务，分别为普遍环境保护义务和特殊环境保护义务。前者即环境法律法规对所有环境行为主体所规定的一般性的环境保护义务，这种义务所对应的环境保护水平是强制性底线。"谁

---

[1] 辛帅：《论生态补偿制度的二元性》，载《江西社会科学》2020年第2期。

污染谁治理"的环境法基本原则就是基于此种义务,违反这种义务会引发环境治理的当然责任,而履行这种环境保护义务则是对全部环境行为主体的普遍要求,因此被称为普遍环境保护义务;而后者对应的环境保护的水平是高于第一类环境保护义务所对应的水平的。这意味着履行特殊环境保护义务的主体付出的努力要高于普遍环境保护义务的水平。

一般认为,生态补偿是以保护和可持续利用生态系统服务为目的,以经济手段为主,调节相关者利益关系,促进补偿活动、调动生态保护积极性的各种规则、激励和协调的制度安排。有狭义和广义之分。狭义的生态补偿是指对由人类的社会经济活动给生态系统和自然资源造成的破坏及对环境造成的污染的补偿、恢复、综合治理等一系列活动的总称;广义的生态补偿则还应包括对因环境保护丧失发展机会的区域内的居民进行的资金、技术、实物上的补偿,政策上的优惠,以及为增强环境保护意识、提高环境保护水平而进行的科研、教育费用的支出。

长期以来,资源无限、环境无价的观念根深蒂固地存在于人们的思维中,也渗透在社会和经济活动的体制和政策中。随着生态环境破坏的加剧和对生态系统服务功能的研究,人们更为深入地认识到生态环境的价值,并成为反映生态系统市场价值、建立生态补偿机制的重要基础。生态系统服务功能是指人类从生态系统获得的效益,生态系统除了为人类提供直接的产品以外,所提供的其他各种效益,包括供给功能、调节功能、文化功能以及支持功能等可能更为巨大。因此,人类在进行与生态系统管理有关的决策时,既要考虑人类福祉,也要考虑生态系统的内在价值。生态补偿是促进生态环境保护的一种经济手段,而对于生态环境特征与价值的科学界定,则是实施生态补偿的理论依据。

生态补偿应包括以下几方面内容：

一是对生态系统本身保护（恢复）或破坏的成本进行补偿；二是通过经济手段将经济效益的外部性内部化；三是对个人或区域保护生态系统和环境的投入或放弃发展机会的损失的经济补偿；四是对具有重大生态价值的区域或对象进行保护性投入。

（二）生态补偿机制

生态补偿机制的建立是以内化外部成本为原则，对保护行为的外部经济性的补偿依据是保护者为改善生态服务功能所付出的额外的保护与相关建设成本和为此而牺牲的发展机会成本；对破坏行为的外部经济性的补偿依据是恢复生态服务功能的成本和因破坏行为造成的被补偿者发展机会成本的损失。

生态补偿机制是以保护生态环境、促进人与自然和谐为目的，根据生态系统服务价值、生态保护成本、发展机会成本，综合运用行政和市场手段，调整生态环境保护和建设相关各方之间利益关系的一种制度安排。主要针对区域性生态保护和环境污染防治领域，是一项具有经济激励作用、与"污染者付费"原则并存、基于"受益者付费和破坏者付费"原则的环境经济政策。

自2011年起，由财政部和环境保护部牵头组织，每年安排补偿资金5亿元的全国首个跨省流域生态补偿机制试点，在新安江启动实施。各方约定，只要安徽省出境水质达标，下游的浙江省每年补偿安徽省1亿元。

2016年国务院办公厅发布了《关于健全生态保护补偿机制的意见》，明确提出坚持"四个全面"战略布局，牢固树立创新、协调、绿色、开放、共享的新发展理念，按照党中央、国务院决策部署，不断完善转移支付制度，探索建立多元化生态保护补偿机制，逐步扩大补偿范围，合理提高补偿标准，有效调动全社会参与生态环境保护的积极性，促进生态文明建设迈上新台阶。

为此需坚持以下原则：(1) 权责统一、合理补偿。谁受益、谁补偿。科学界定保护者与受益者权利义务，推进生态保护补偿标准体系和沟通协调平台建设，加快形成受益者付费、保护者得到合理补偿的运行机制。(2) 政府主导、社会参与。发挥政府对生态环境保护的主导作用，加强制度建设，完善法规政策，创新体制机制，拓宽补偿渠道，通过经济、法律等手段，加大政府购买服务力度，引导社会公众积极参与。(3) 统筹兼顾、转型发展。将生态保护补偿与实施主体功能区规划、西部大开发战略和集中连片特困地区脱贫攻坚等有机结合，逐步提高重点生态功能区等区域基本公共服务水平，促进其转型绿色发展。(4) 试点先行、稳步实施。将试点先行和逐步推广、分类补偿及综合补偿有机结合，大胆探索，稳步推进不同领域、区域生态保护补偿机制建设，不断提升生态保护成效。提出要推进体制机制创新，要"建立稳定投入机制""完善重点生态区域补偿机制""推进横向生态保护补偿机制""健全配套制度体系""创新政策协同机制""结合生态保护补偿推进精准脱贫"等。

(三) 生态补偿资金

我国自 1999 年实施退耕还林工程以来，生态补偿已经开展 20 多年，补偿的领域已经从森林逐步扩展到流域生态补偿、草原生态补偿、湿地生态补偿、海洋生态补偿、农业耕地生态补偿等。与此同时，生态补偿也从生态系统要素补偿扩展到区域补偿，如我国实施的重点生态功能区转移支付生态补偿，2019 年的补偿资金已经达到 811 亿元。我国目前每年生态补偿资金投入总量在 1800 亿元左右。

目前我国生态补偿资金 90% 以上来自各级政府财政资金，主要来自中央政府财政资金。随着生态补偿范围和领域的不断扩大，这一态势将给政府财政带来一定压力，也不利于调动社会各界参与生态保护和生态文明建设的积极性。因此国家发展改革委等九部委于2018年年底发布《建立市场化、多元化生态保护补偿机制行动计划》，提出要健全资源开发补偿、污染物减排补偿、水资源节约补偿、碳排放权抵消补偿制度，合理界定和配置生态环境权利，健全交易平台，引导生态受益者对生态保护者的补偿。积极稳妥发展生态产业，建立健全绿色标识、绿色采购、绿色金融、绿色利益分享机制，引导社会投资者对生态保护者的补偿。

2016年，在财政部、环境保护部的推动下，江西、广东两省正式签订《东江流域上下游横向生态补偿协议》。3年多的时间内，源区各县累计投入生态保护和治理资金达33亿元，其中东江流域生态补偿资金达13亿元，重点实施了污染治理、生态修复、水源地保护、水土流失治理和环境监管能力建设5大类74个项目，已完工项目41个，项目实施的阶段性成果体现在源源不断地流入粤港大地的碧波荡漾之中。

二、安排水土保持生态效益补偿金，缓解生态补偿资金压力

本条规定了赣州市行政区域内生态补偿机制的负担原则和方式，按照属地和分级管理的原则，从生态保护补偿资金中安排一定的水土流失治理预防和治理资金，这有利于减轻基层生态补偿资金的筹措压力。

第二十一条【水土保持补偿费】

开办生产建设项目或者从事其他生产建设活动造成水土流失的，应当进行治理。不能恢复原有水土保持功能的，应当依法缴纳水土保持补偿费，专项用于水土流失预防和治理。

市、县级人民政府财政主管部门应当根据国家和省有关规定建立水土保持补偿费分级留存和上缴机制。

【条文释义】

一、水土保持补偿费制度概述

建立水土保持补偿费制度具有重要意义。补偿实行"谁破坏、谁补偿"的原则，一是满足异地开展预防和治理水土流失、恢复和维护区域水土保持功能的需要；二是弥补水土保持功能损失的需要；三是对造成的水土流失危害进行补偿；四是发挥经济调控、导向作用的需要，以促进生产建设单位或者个人最大限度地约束自己的行为方式，减少水土保持设施、地貌植被的占压、损坏范围。[1]

（一）水土保持补偿费的基本概念

水土保持补偿费是水行政主管部门对损坏水土保持设施和地貌植被、不能恢复原有水土保持功能的生产建设单位和个人征收并专项用于水土流失预防治理的资金。这里所说的补偿费，不是赔偿水土保持设施、林草植被的建设费用的赔偿费（赔偿费属于民事赔偿范畴），而是由于损坏水土保持设施、地貌植被，造成原有水土保持功能不能恢复而进行的补偿。

水土保持补偿费在理论上属于行政征收，而非行政处罚。这是因为"行政处罚是指行政机关依法对违反行政管理秩序的公民、法人或者其他组织，以减损权益或者增加义务的方式予以惩戒的行为"。也就是说行政处罚的前提是违法行为的存在而对该行为的一

---

〔1〕 参考牛崇桓：《新水土保持法主要制度解读》，载《中国水利》2011年第12期。

种制裁，但行政征收的前提不是违法行为。行政征收具有处分性、强制性、非对价性、法定性等特点。[1]

(二) 水土保持补偿费征收主体

根据财政部《关于水土保持补偿费等四项非税收入划转税务部门征收的通知》精神，自2021年1月1日起，将水土保持补偿费、地方水库移民扶持基金、排污权出让收入、防空地下室易地建设费划转至税务部门征收。征期在2021年度、所属期为2020年度的上述收入，收缴及汇算清缴工作继续由原执收（监缴）单位负责。并明确，上述非税收入划转至税务部门征收后，以前年度应缴未缴的收入，由税务部门负责征缴入库。上述非税收入的征收范围、对象、标准、分成、使用等政策继续按照现行规定执行。税务部门应积极履行征收职责，推动降低征缴成本。划转后，各级财政部门不安排代扣代缴、代收代缴和委托代征经费。各级税务部门要会同财政、生态环境、水利、人防等有关部门，按照"便民、高效"的原则，逐项确定职责划转后的经费划转方案和征缴流程，推动办事缴费"一门、一站、一次"办理，不断提高征管效率，优化缴费服务，切实增强缴费人获得感。

二、水土保持补偿费征收的条件

(一) 缴纳主体

在山区、丘陵区、风沙区以及水土保持规划确定的容易发生水土流失的其他区域开办生产建设项目或者从事其他生产建设活动，损坏水土保持设施、地貌植被，不能恢复原有水土保持功能的单位和个人（以下简称缴纳义务人），是水土保持补偿费的缴纳主体。

---

[1]《行政法与行政诉讼法学》编写组：《行政法与行政诉讼法学》，高等教育出版社2018年版，第155页。

前述所称其他生产建设活动包括：（1）取土、挖砂、采石（不含河道采砂）；（2）烧制砖、瓦、瓷、石灰；（3）排放废弃土、石、渣。

同时需要注意，下列情形免征水土保持补偿费：

（1）建设学校、幼儿园、医院、养老服务设施、孤儿院、福利院等公益性工程项目的；

（2）农民依法利用农村集体土地新建、翻建自用住房的；

（3）按照相关规划开展小型农田水利建设、田间土地整治建设和农村集中供水工程建设的；

（4）建设保障性安居工程、市政生态环境保护基础设施项目的；

（5）建设军事设施的；

（6）按照水土保持规划开展水土流失治理活动的；

（7）法律、行政法规和国务院规定免征水土保持补偿费的其他情形。

根据《江西省水土保持区域评估办法（试行）》第11条规定，区域管理机构一次性统一实施全区域内"五通一平"、公共基础设施以及厂房建设等土建工程，且生产建设单位直接入驻后不再需要进行涉及土建工程建设的，水土保持补偿费由区域管理机构在开工前根据审批权限向水行政主管部门一次性全额缴纳，生产建设单位入驻后不需要缴纳水土保持补偿费。

（二）计征范围

对于生产建设项目中损坏水土保持设施和地貌植被，致使其水土保持功能丧失或者降低的，应当缴纳水土保持补偿费，用于水土流失的预防和治理。

1. 水土保持设施、地貌植被

水土保持设施是指具有预防和治理水土流失功能的各类人工建筑物的总称,主要包括:(1)水平阶(带)、鱼鳞坑、梯田、截水沟、沉砂池、蓄水塘坝或蓄水池、排水沟、沟头防护设施、跌水等构筑物;(2)骨干坝、淤地坝、拦沙坝、尾矿坝、谷坊、护坡、护堤、拦土墙等工程设置;(3)监测站点和科研试验、示范场地、标志碑牌、仪器设备等设施;(4)其他水土保持设施。地貌植被是指人工植被和天然植被。人工植被是指天然形成的地表及其植物附着物,如各种天然植被以及沙地、戈壁、高寒山地等生态敏感地区、生态脆弱地区的沙壳、洁皮、地衣等。

2. 水土保持功能

水土保持功能是指水土保持设施、地貌植被所发挥或蕴藏的有利于保护水土资源、防灾减灾、改善生态、促进社会进步等方面的作用。一是保护水土资源功能,包括预防和减少土壤流失,防止和治理石化、沙化等土地退化,提高土壤质量和土地生产力;拦蓄地表径流、增加土壤入渗、提高水源涵养能力等。二是防灾减灾功能,包括减轻下游泥沙危害、洪涝灾害,减轻干旱灾害,减轻风沙灾害和滑坡泥石流危害等。三是改善生态功能,包括增加常水流量,净化水质,保护和改善江河湖库生态环境;增加林草植被覆盖、改善生物多样性,改善靠近地层的小气候环境等。四是促进社会进步功能,包括优化土地利用结构、农村生产结构,促进农民脱贫致富和农村经济发展,改善城乡生活环境,保障经济社会可持续发展等。生产建设活动中不能恢复水土保持功能的情况主要有:(1)水土保持设施、地貌植被被永久占压、损坏的,以及采取水土保持措施仍不能恢复原有水土保持功能的;(2)生产建设中水土保持设施、地貌植被被临时占压、损坏,造成水土保持功能丧失不能恢复的。

3. 计征标准

水土保持补偿费按照下列方式计征：

（1）开办一般性生产建设项目的，按照征占用土地面积计征。

（2）开采矿产资源的，在建设期间按照征占用土地面积计征；在开采期间，对石油、天然气以外的矿产资源按照开采量计征，对石油、天然气按照油气生产井占地面积每年计征。

（3）取土、挖砂、采石以及烧制砖、瓦、瓷、石灰的，按照取土、挖砂、采石量计征。

（4）排放废弃土、石、渣的，按照排放量计征。对缴纳义务人已按照前三种方式计征水土保持补偿费的，其排放废弃土、石、渣不再按照排放量重复计征。

江西省水土保持补偿费具体缴纳标准按照江西省物价局、财政厅、水利厅发布的《江西省水土保持设施补偿费、水土流失防治费的收费标准和使用管理办法》执行。

4. 缴纳方式

开办一般性生产建设项目的，缴纳义务人应当在项目开工前一次性缴纳水土保持补偿费。开采矿产资源处于建设期的，缴纳义务人应当在建设活动开始前一次性缴纳水土保持补偿费；处于开采期的，缴纳义务人应当按季度缴纳水土保持补偿费。从事其他生产建设活动的，缴纳水土保持补偿费的时限由县级水行政主管部门确定。

缴纳义务人应当向负责征收水土保持补偿费的水行政主管部门如实报送征占用土地面积（矿产资源开采量、取土挖砂采石量、弃土弃渣量）等资料。

负责征收水土保持补偿费的水行政主管部门审核确定水土保持补偿费征收额，并向缴纳义务人送达水土保持补偿费缴纳通知单。

缴纳通知单应当载明征占用土地面积（矿产资源开采量、取土挖砂采石量、弃土弃渣量）、征收标准、缴纳金额、缴纳时间和地点等事项。

缴纳义务人应当按照缴纳通知单上的规定缴纳水土保持补偿费。

(三) 专款专用

水土保持补偿费专项用于水土流失预防和治理，用于被损坏水土保持设施和地貌植被恢复治理工程建设。

根据江西省相关文件规定，对县级水土保持监督主管部门收缴的水土保持设施补偿费、水土流失防治费，80%留县级使用，上缴省级主管部门10%、地市级10%；对市级水土保持监督主管部门收缴的水土保持设施补偿费，90%留自身使用，上缴省级10%。

第二十二条【水土保持设施的管理与维护义务】

水土保持设施的所有权人、使用权人或者有关管理单位应当加强对水土保持设施的管理与维护，落实管护责任，保障其功能正常发挥。

任何单位和个人不得破坏、侵占水土保持设施，不得擅自占用、拆除水土保持设施或者改变其用途；确需占用、拆除或者改变用途的，应当按照同等功能予以重建或者补偿。

【条文释义】

一、加强对水土保持设施的保护

本条所称水土保持设施是指具有预防和治理水土流失功能的各类人工建筑物的总称，水土保持设施主要包括：（1）水平阶（带）、鱼鳞坑、梯田、截水沟、沉沙池、蓄水塘坝或蓄水池、排水沟、沟头防护设施、跌水等构筑物；（2）骨干坝、淤地坝、拦沙坝、尾矿坝、谷坊、护坡、护堤、挡土墙等工程设施；（3）监测站点和科研试验、示范场地、标志碑牌、仪器设备等设施；（4）其他水土保持设施。

我国防治水土流失有悠久的历史，广大劳动人民创造和保留了许多水土保持设施，如云南元阳、广西龙胜梯田、赣州崇义上堡梯田、宁都中院梯田建设年代较早，大面积保存至今并发挥良好的水土保持作用和功能。

同时，生产建设项目也建设了大量的水土保持设施，这些设施不仅治理了因建设活动造成的水土流失，同时还为改变当地生态环境、保证主体工程的安全运行起到了重要作用。长期以来，一些地区重治理轻管护，管护责任未落实到位，治理成果没有得到有效保护，导致一些水土保持设施遭受破坏，水土保持功能降低甚至丧失，因此从法律层面规定加强对水土保持设施的保护是十分必要的。

二、水土保持设施的管理和维护的责任主体是其所有权人或使用权人或管理单位

由于种种原因，历史上形成了部分水土保持设施的管护责任主体不明确，建、管、用、责、权、利脱节的现象。随着水土保持投资主体的多元化，水土保持设施的所有权人或使用权人，既可能是国家又可能是农村集体经济组织，还可能是个人、企业法人和其他组织。因此，本条例规定水土保持设施的所有权人或者使用权人或有关管理单位具有管理和维护的法律义务，它涵盖了全部的各类责任主体，有利于全面落实管护责任，确保水土保持设施长期发挥水土保持功能。

责任主体的管护责任体现在不得破坏或者侵占、填堵、拆除水土保持设施或改变水土保持设施的用途；对于需占用、拆除水土保持设施的，应及时重建或补偿，以恢复水土保持设施应有的功能和作用，防治水土流失。

如对于赣州崇义梯田、中院梯田等要采取相对应的保护措施，如损毁梯田、侵占损毁体现水利工程、擅自采砂取土、采选矿、滥伐盗伐森林、毁林开垦、烧山、擅自引进外来物种等。

第二十三条【社会公众参与水土流失综合治理】

鼓励单位和个人参与崩岗治理、生态清洁小流域治理和水土保持示范园建设等水土流失综合治理，各级人民政府可以根据国家有关规定在资金、技术、税收等方面予以扶持。

【条文释义】

一、做好水土保持工作需要全社会的共同参与

我国水土流失量大面广，治理任务艰巨而紧迫，仅靠国家治理还不够，应当鼓励公民、法人和其他组织通过多种形式参与水土流失治理，这样不仅可以广开渠道，增加水土流失治理的社会总投入，加快水土流失预防和治理进程，而且还可以提高社会公众的水土保持意识和法制观念，形成良好的水土保持社会氛围。

根据《江西省水土保持规划（2016—2030年）》，江西省现有水土流失面积26 629.68平方公里，占土地总面积的15.95%，其中水力侵蚀面积26 496.87平方公里，风力侵蚀面积132.81平方公里。按侵蚀强度分，轻度侵蚀面积14 928.87平方公里，中度侵蚀面积7600.47平方公里，强烈侵蚀面积3207.11平方公里，极强烈侵蚀面积780.41平方公里，剧烈侵蚀面积112.82平方公里。总体来看，随着江西省大规模水土流失防治的开展，水土流失面积扩大的趋势得到有效遏制，水土流失面积呈逐渐下降趋势。但全省仍有中度以上侵蚀面积1.17万平方公里,占土壤侵蚀总面积的43.94%。就赣州市而言,水土流失面积占总面积在全省最大,占到19.86%。《全国水土保持规划(2015—2030年)》中指出:加强山丘区坡耕地改造及坡面水系工程配套,控制林下水土流失,开展微丘岗地缓坡地带的农田水土保持工作,实施侵蚀劣地和崩岗治理,发展特色产业。保护和建设森林植被,提高水源涵养能力,推动城市周边地区清洁小流域建设。结合赣州市的水土流失实际状况与国家及省的水土保持规划,赣州市的水土保持任务依然艰巨。水土流失面积大、治理任务重、政府治理能力有限,因此需要鼓励社会资本投入水土流失治理。

赣州市崩岗治理、生态清洁小流域治理等方面大力引进社会资本参与水土流失治理。

崩岗,是指山坡土体或岩体风化壳在重力与水力综合作用下分离、崩塌和堆积的侵蚀现象。"崩"是指崩塌侵蚀方式,"岗"则是指所形成的地貌形态,故崩岗一词具有发生和形态方面的双重含义。按形态可分为瓢形崩岗、条形崩岗和箕形崩岗(弧形崩岗);按发展程度可分为活动型和稳定型;按单个崩岗的规模可分为小型、中型和大型。发生的主要条件是:(1)有疏松深厚的风化层作为侵蚀的物质基础;(2)以径流和重力作用作为侵蚀的营力;(3)由人为破坏活动作为促发崩岗的主导因素。崩岗主要分布在广东、福建、江西、湖南等省的花岗岩和部分砂砾岩区。严重毁坏土地资源,流失泥沙淹没农田、淤塞水库、抬高河床,破坏农业生产,妨碍水利和航运建设。治理措施应以拦蓄径流、消除冲刷和稳定重心、防治崩塌为目的;同时采取植物措施保护和改良土壤,提高其抗蚀抗冲能力,通常采用上截、下堵、中绿化的综合措施加以控制。

例如，在赣州市赣县区，根据不同类型的崩岗特点，当地采取多种治理模式，坚持山上与山下同治，治山与理水同步，工程措施与植物措施统筹兼顾，实现"烂山地貌"变绿水青山。该区还将崩岗治理与农林开发、乡村旅游、精准扶贫相结合，引进社会资本2000多万元开展生态修复和发展脐橙、油茶、杨梅等林果产业，打造集农事体验、休闲观光等功能于一体的综合性基地，并引导当地及周边500多户贫困户参与工程建设。这一举措既实现了在相关地区的水土保持效果，又通过产业优化及工程建设的方式助推脱贫攻坚。

二、民间资本参与水土保持工程建设的具体办法

《国务院关于鼓励和引导民间投资健康发展的若干意见》中明确可以通过收费补偿机制，实行政府补贴，通过业主招标、承包租赁等方式，吸引民间资本投资建设农田水利、跨流域调水、水资源综合利用、水土保持等水利项目。2012年水利部根据这一文件，制定了《关于印发鼓励和引导民间资本参与水土保持工程建设实施细则的通知》，进一步细化了民间资本参与水土保持工程建设的内容。

(一) 民间资本参与水土保持工程建设的对象

民间资本参与水土保持工程包括，水土保持规划确定的水土流失治理区域，主要包括荒山荒坡、疏林地、灌木林、火烧迹地、崩岗、废弃矿山等区域营造水土保持林、开发经济果木林及相配套的小型水利水保工程等。

(二) 民间资本参与水土保持工程建设的原则

对民间资本参与水土保持工程建设坚持科学引导、积极扶持、依法管理、保护权益的原则，治理工程实行"谁投资、谁所有、谁

管护"政策。民间资本投资人是民间资本水土保持工程建设的责任主体；县级水土保持部门依法行使监管职责。

（三）民间资本参与建设的范围

民间资本参与水土保持工程建设包括小流域综合治理、崩岗治理、废弃稀土矿山治理、坡耕地改梯田、水土保持植物种植等各类水土流失治理开发，以及水土保持示范园、水土保持教育社会实践基地建设等。

（四）民间资本参与的方式和形式

民间资本参与水土保持工程建设可采取以下投入方式：（1）资金投入；（2）实物投入；（3）劳力和机械投入；（4）其他投入。

民间资本参与水土保持工程建设可采取以下形式：（1）以流域（片）为单元开展集中连片水土流失治理开发；（2）采取承包、租赁、股份合作、拍卖使用权等方式对"四荒"资源进行治理开发；（3）民营资源开发企业结合生产生活环境改善对周边区域进行水土流失治理开发；（4）结合水土流失治理进行的水土保持植物资源开发利用；（5）以其他方式参与治理开发。

民间资本参与水土保持工程建设应依法与有关方面签订治理开发协议，涉及土地使用权流转的还应按规定办理有关手续。

（五）民间资本投资人权益保障

民间资本投资人依法享有其出资建设的水土保持工程设施，国家依法保护其合法权益。

（1）获得补偿权。征收或征用民间资本参与治理开发的水土流失土地，应依法对其治理成果给予补偿。

（2）自主开发权。工程建设过程中，在符合国家有关法律、法规、政策和水土保持规划的前提下，民间资本投资人享有治理开发自主权。

(3) 平等权。民间资本水土保持工程建设成果享有平等进入政府采购目录的权利。

(4) 水土保持部门应主动为民间资本水土保持工程建设提供技术服务，支持指导民间资本投资人做好治理工程设计和建设管理等工作。

（六）服务与监管

(1) 民间资本参与水土保持工程建设，应根据水土保持规划和有关规程规范编制治理开发实施方案，向县级水土保持部门提出申请。拟申请水土保持资金项目的，应在申请中注明，县级水土保持部门会同财政部门根据国家、省、市水土保持项目专项资金等建设资金情况，给予相应标准的资金奖补扶持。

(2) 治理开发实施方案经水土保持部门审核及相关部门审批后，民间资本投资人应按照实施方案组织实施，依法承担水土流失防治责任，落实水土流失预防和治理措施，防止造成新的水土流失。

(3) 民间投资水土保持项目申请财政扶持资金的，要比照国家、省、市投资建设的水土保持项目进行公示。县级水土保持部门负责公示工程概况、治理开发目标、建设内容、拟扶持金额和工程责任人等。

(4) 县级水土保持部门负责对民间资本参与水土保持项目的实施情况和效果进行年度核查。申请财政扶持资金的，对核查结果符合实施方案和规范要求的，县级有关部门应及时支付对民间投资水土保持项目的扶持资金。有关部门应加强监督检查。

(5) 鼓励民间资本投资人积极吸纳当地群众参与工程建设，引导群众共同致富。

(6) 民间资本投资人应当加强对水土保持设施的管理和维护，

保证其安全运行和正常发挥效益。

三、开展水土流失治理应遵循经批准的水土保持规划

按照水土保持规划实施水土流失治理，可以避免治理工作的随意性和盲目性，保证治理工作科学、有序开展，发挥效益。水土保持工作综合性很强，涉及多部门、多行业，我国水土流失防治工作主要由各级水行政主管部门组织实施，农业、林业、国土等部门具体承担了部分水土保持生态建设任务，交通、能源、旅游等行业也承担了其生产建设项目水土流失防治责任。

四、在资金、技术、税收等方面制定扶持政策和规定，吸引和鼓励更多的社会资金投入水土流失治理

（一）以奖代补措施

为鼓励民间资本参与水土保持设施、水土流失防治工作，各级部门均制定了一定的优惠政策。

2018年水利部、财政部联合印发《关于开展水土保持工程建设以奖代补试点工作的指导意见》（以下简称《意见》），旨在鼓励和引导社会力量和水土流失区广大群众积极参与水土保持工程建设，创新水土保持工程建设管理和投入机制，充分发挥财政资金撬动作用，加快推进水土流失治理。《意见》明确，以奖代补资金来源主要是中央财政水利发展资金和地方财政用于国家水土保持重点工程建设的资金。试点省（自治区、直辖市）每年通过中央财政水利发展资金安排每个试点县水土保持建设的资金规模原则上不少于1000万元。奖补对象为自愿出资投劳参与水土流失治理的农户、村组集体以及农民专业合作组织、家庭农场、专业大户、农业企业等建设主体。

江西省作为9个试点省份之一开展水土保持工程建设以奖代补

试点工作并制定了《江西省水土保持工程建设以奖代补试点办法》，其主要内容有以下几个方面：

1. 以奖代补试点工作基本原则

（1）政府引导、试点先行。本省选择不少于2个具有一定基础的县开展水土保持工程建设以奖代补试点。鼓励未纳入试点的县采取以奖代补、先建后补方式开展水土保持工程建设。

（2）自愿申报、公开透明。充分尊重受益主体意愿，各类建设主体按规定程序和要求自愿申报，完成建设任务，经验收合格后，获得相应奖补资金。工程建设全过程向社会公开，接受社会监督。

（3）分类奖补、公平公正。综合考虑区域经济社会发展水平和水土流失特点，各试点县按照水土保持措施类型，因地制宜制定并完善相关奖补政策，公平公正开展水土保持工程建设以奖代补工作。

（4）自主建设、强化服务。在满足水土保持相关规划、技术标准，统筹农业生产和群众生活需求基础上，各类建设主体自主建设水土保持工程。各级水利水保部门要主动服务，加强技术指导。

2. 以奖代补试点工作目标

试点工作的目标是试点地区水土流失治理步伐明显加快，生态环境进一步改善；水土保持建设多元化投入机制基本建立，各类建设主体参与意愿明显增强；财政资金使用效益显著提高。通过试点，形成一批可复制、易推广的成功经验，水土保持工程建设管理、资金投入、建后管护机制实现改革创新，示范效应明显。

3. 奖补资金、对象、范围、标准及方式

奖补资金。资金主要是用于国家水土保持重点工程项目建设的中央财政发展资金和地方财政资金。每年通过中央财政水利发展资金和省级财政资金安排每个试点县水土保持建设的资金规模原则上不少于1000万元。

奖补对象。自愿出资投劳参与水土流失治理的农户、村组集体、农民专业合作组织、家庭农场、专业大户、农业企业等建设主体。各地在确定奖补对象时，要立足于当地的、与治理区域或地块有直接关系的建设主体。

奖补范围。包括：（1）工程措施，梯田工程、小型水利水保工程、田间生产道路等；（2）林草措施，水土保持林、经果林、种草等；（3）其他措施，封禁治理、生态清洁型小流域治理的相关措施等。但是以下几类措施或建设主体不予奖补：一是未列入县级《国家水土保持重点工程实施方案》中的治理措施；二是以该种经果林为主要目的、水土流失治理效果不明显的措施；三是与水土保持关系不密切的农村基础设施建设项目；四是新建设计容量为5000方及以上的塘坝工程（不包括设计容量5000—10000方的塘坝维修），以及其他设施难度大、安全风险高的水土保持工程措施；五是试点工作开展前完成的项目和治理措施；六是未经奖补程序确定的建设主体。

奖补标准。单项措施不超过县级《国家水土保持重点工程实施方案》确定的单项措施投资标准。对不同的建设主体、治理措施、治理标准和治理成效，可采取差别化的奖补政策，以生态效益为主的措施奖补比例可适当高些。各试点县应根据因地制宜、分类指导原则，综合考虑区域经济社会发展水平、水土流失特点、材料使用、物价水平、群众出资投劳以及相关部门奖补政策衔接等因素，在不突破《江西省水土保持工程建设以奖代补试点办法》明确的奖补边界和约束条件下，在县级出台的《水土保持工程建设以奖代补试点方案》中进一步细化和完善奖补标准。

在《赣州市赣县鼓励和引导民间资本参与水土保持工程建设的

实施办法》中就确定了具体的标准。如（1）经济果木林开发。经济果木林以水平台地或梯田整地方式开发的按 300 元/亩予以补助，经济果木林以块状整地方式开发的按 150 元/亩予以补助，经济果木林以水平台地或梯田整地方式开发的按 400 元/亩予以补助。经济果木林开发必须相对集中连片，且开发规模在 50 亩以上（含 50 亩）。（2）水土保持林营造。水土保持林以块状整地方式种植的按 100 元/亩予以补助，以水平竹节沟整地方式种植的按 200 元/亩予以补助。水土保持林营造必须相对集中连片，且营造规模在 100 亩以上（含 100 亩）。（3）崩岗和废弃稀土矿山综合治理。采取截、排、拦、挡、削等措施综合整治崩岗或废弃稀土矿山，种植经济果木林的按实际整治崩岗或废弃稀土矿山面积给予 5000 元/亩的补助；种植水土保持林等生态林的按实际整治崩岗或废弃稀土矿山面积给予 3000 元/亩的补助。（4）小型水利水保工程（蓄水池、山塘、水陂、谷坊、排灌沟渠、生产道路等）。按不超过工程核算实际造价的 60% 予以补助。其中小型山塘按蓄水容量补助，总库容为 1000—5000 立方米，按 10 元/立方米予以补助，对 5000 立方米以上库容的山塘不列入补助范围。

奖补方式。工程建设任务完成并通过验收，经公示无异议后，县级财政部门按照奖补标准和支付程序，向建设主体兑现奖补现金。

4. 奖补程序

（1）发布公告。县级水利水保部门会同县级财政部门依据批复的试点县《国家水土保持重点工程年度实施方案》，制订县级年度水土保持工程建设以奖代补工程方案，明确实施奖补的水土保持工程的建设范围、措施类型与要求、奖补标准和申报程序等相关信息，并在政府网站、报纸、电视等媒体和涉及的乡镇、村、组进行公告。公告期不少于7天，并拍照备案登记。

（2）工程申报。建设主体按照要求填写以奖代补工程建设申报表，申明建设地点、建设规模、建设内容、建设时限、申请奖补额等内容，报送至所在乡镇政府，由乡镇政府统一申报。建设主体在申报以奖代补工程时，须提交承诺函，承诺按照国家水土保持工程建设规程规范和相关质量要求全面完成申报的建设任务。

（3）审核公示。申报表经乡镇政府进行真实性复核后，汇总至县级水利水保部门。县级水利水保部门依据批复的《国家水土保持重点工程年度实施方案》和有关要求进行复核，明确开展以奖代补的建设主体及建设地点、建设规模、建设内容、建设时限、申请奖补额等相关建设信息，并在门户网站和有关乡镇、村组进行公示。公示期不少于7天，并拍照备案登记。

（4）签订协议。公示无异议后，县级水利水保部门与建设主体签订相关协议，明确建设地点、建设规模、建设内容、建设时限、奖补标准、产权归属、管护要求、资金兑现要求以及双方的责任和义务等。

（5）自主建设。建设主体严格按照批复的县级《国家水土保持重点工程年度实施方案》、签订的协议、相关的技术规程规范自主开展工程建设，水利水保部门做好技术指导和监督检查工作。

（6）工程验收。工程完工后，建设主体向县级水利水保部门提交验收申请表，附建设内容（措施）前、中、后对照表，县级水利水保部门会同财政等有关部门和单位，依据相关要求开展工程验收。

（7）兑现奖补现金。通过验收后，县级水利水保部门在门户网站、有关乡镇和村组公示建设主体的工程建设、验收和奖补资金等情况。公示期不少于7天，并拍照备案登记。公示无异议后，县级财政部门及时向建设主体兑现奖补资金。具体拨付方式由试点县自主确定。为确保林草措施存活率、加强项目建设管护安排的质量保证金，可在满足相应条件后在以后年度予以兑现。

经过3年的试点，赣州市水土保持工程建设取得一些经验，主要体现在以下几方面：（1）发挥杠杆效用，撬动社会资本投入；（2）简化实施流程，提高资金使用效率；（3）规范监管体系，促进项目实施高标准；（4）优化建管模式，促进工程良性运行。

但同时也提出了一些启示和建议：

（1）强化总结评估，科学有序扩大实施范围。赣州的实践证明，以奖代补是鼓励和引导社会力量和水土流失区广大群众积极参与水土保持工程建设，充分发挥财政资金撬动作用，调动社会资本投入，加快推进水土流失治理进程的一项重要改革举措，是一项群众欢迎、行之有效的政策机制。建议进一步加强对水土保持工程建设以奖代补试点工作的总结评估，充分提炼总结试点地区成功经验和模式，并在此基础上，适时扩大试点实施范围，选择不同自然条件、资源禀赋和经济社会发展状况的地区作为试点，加强动态跟踪评估，进一步探索符合不同地域特点、水文气候条件的以奖代补工程建设模式和路径。

（2）强化顶层设计，广泛推广以奖代补机制。采取以奖代补方式来改革创新水土保持工程建管机制，其优势在赣州各试点地区得到了充分凸显，但以奖代补机制毕竟是一项全新且仍在积极探索中的政策举措，要改革传统的基建项目建管模式，全面实现水治理工作中工程建设以奖代补的多元化、制度化、规范化和常态化，还需要在试点探索实践、总结提升的基础上，在奖补资金渠道、奖补范围、奖补标准、奖补流程等政策关键点方面，进一步完善以奖代补机制制度设计，细化实化奖补政策和实施办法，探索在合同节水、节水技术改造、河湖水环境综合整治、农村小型水利工程管护等水治理不同领域，开展以奖代补机制的可行路径和实施方案，为社会力量和社会资本参与水治理探索出一条好路子。同时，通过制定操作技术指南、开展专业技术培训等，为地方以奖代补项目实施提供必要的技术指导。

（3）强化政策协同，提升整体治理效果。赣州各试点地区在推进以奖代补试点工作中，把以奖代补项目实施与生态清洁小流域建设、美丽乡村建设等有机结合，通过实施生态修复、水环境整治和生活污水处理等以奖代补项目，有效地改善了区域水环境及农村人居环境，通过以奖代补资金引导，在构建水土保持综合防治体系基础上，全力打造具有文化特色、山水特色、产业特色的美丽乡村示范，实现了"绿水青山"与"金山银山"的共存共荣，提高了治理的整体效果。因此，在水治理过程中，水利部门要跳出"以水治水""就水利谈水利"的盲区，注重政策项目的统筹协调，加强与全国重要生态系统保护和修复重大工程等国家重大政策资源的统筹衔接与互联互通，把农村水利深度融入乡村建设行动中，出方案、聚合力，形成目标一致、协作配合的协同机制。

（4）坚持上下联动，协同推进水治理。水问题的复杂性及治理任务的艰巨性，决定了水治理需要凝聚各方力量协同推进，特别是要广泛的动员和组织社会公众积极参与。赣州在推进以奖代补试点工作中，不仅为推动项目实施制定了一系列管理规章、制度措施，而且注重发动当地群众和其他社会阶层参与工程建设，从引导大量社会资本投入以奖代补项目，各村民理事会、农业合作社等自主施工建设，到当地群众自主推选德高望重的人担任质量监督员、管护员，等等，均是社会和公众"自下而上"主动参与水治理、实现自我管理、自我服务的生动实践。因此，在推动水治理、解决水问题过程中，政府在通过制定行政措施"自上而下"推进落实的同时，更要注重社会治理，积极动员和组织广大群众积极投身水治理，为扩大公众有序参与提供有效途径，充分发挥他们的主体作用，实现政府治理与公众自我管理的有效衔接和良性互动。

（二）税收优惠

税收方面的优惠主要体现在各类税法以及税务总局颁布的各类规范性文件中，在水土保持工作中应当留意相关的税收优惠。

例如，《中华人民共和国耕地占用税法》第7条规定，铁路线路、公路线路、飞机场跑道、停机坪、港口、航道、水利工程占用耕地，减按每平方米二元的税额征收耕地占用税。

另外，根据《国家税务局关于水利设施用地征免土地使用税问题的规定》规定，对水利设施及其管护用地（如水库库区、大坝、堤防、灌渠、泵站等用地）免征土地使用税。

第四章 监测和监督

本章共 6 条，是对水土保持检测和监督管理工作的规定。主要包括水土保持监测工作的性质、生产建设项目监测义务及资质要求，以及水保中介机构的要求等。

第二十四条【水土保持监测】

市、县级人民政府水行政主管部门应当根据水土保持规划，完善水土保持监测网络，开展水土流失动态监测。

【条文释义】

水土保持监测是指对水土流失发生、发展、危害及水土保持效益进行长期的调查、观测和分析工作。通过水土保持监测，摸清水土流失类型、强度与分布特征、危害及其影响情况、发生发展规律、动态变化趋势，对水土流失综合治理和生态环境建设宏观决策以及科学、合理、系统地布设水土保持各项措施具有重要意义。

一、水土保持监测是一项重要的基础性工作

水土保持监测是开展水土保持工作的重要基础和手段。

通过水土保持监测，可以准确掌握水土流失预防和治理情况，分析和评价水土保持效果，为水土流失防治总体部署、规划布局、防治措施科学配置等提供科学依据；可以掌握生产建设项目造成水土流失情况、防治成效，为各级水行政主管部门有针对性地开展监督检查、案件查处等提供重要依据；可以积累长期的监测数据和成果，为水土保持科学研究、标准规范制定等提供可靠数据资料。水土保持监测是国家生态保护与建设的重要基础。

可以及时、准确地掌握全国生态环境现状、变化和动态趋势，分析和评价重大生态工程成效，为国家制定生态建设宏观战略、调整总体部署、实施重大工程提供重要依据。

水土保持监测是国家保护水土资源促进可持续发展的重要基础。可以不断掌握水土资源状况、消长变化，为国家制定经济社会发展规划、调整经济发展格局与产业布局、保障经济社会可持续发展提供重要技术支撑。

水土保持监测是社会公众了解、参与水土保持的重要基础。可以使公众及时了解水土流失、水土保持对生活环境的影响，满足社会和公众的知情权、参与权和监督权，促进全社会水土保持意识的提高。

总之，水土保持监测是水土流失防治的基础工作，是强化行业监督管理、抓好水土保持目标责任制考核的关键措施，是完善生态环境监测、落实国家生态保护与建设决策的重要支撑，推动水土保持改革发展必须进一步加强水土保持监测工作。

二、水土保持监测网络

（一）水土保持监测体系

水利部统一管理全国的水土保持生态环境监测工作，负责制定有关规章、规程和技术标准，组织全国水土保持生态环境监测、国内外技术与交流，发布全国水土保持公告。

水利部各流域机构在授权范围内管理水土保持生态环境监测工作。

县级以上水行政主管部门或地方政府设立的水土保持机构，以及授权的水土保持监督管理机构，对辖区的水土保持生态环境监测实施管理。

省级以上水土保持生态环境监测管理机构编制水土保持生态环境监测规划，作为水土保持生态环境建设规划的重要组成部分，经同级人民政府批准组织实施。对水土保持生态环境监测规划进行修订的，须经原批准机关审查同意。

（二）水土保持监测网络系统

在水土保持生态环境监测规划的指导下，按基本建设程序全国水土保持生态环境监测站网，其运行实行分级负责制。

全国水土保持生态环境监测站网由以下四级监测机构组成：一级为水利部水土保持生态环境监测中心，二级为大江大河（长江、黄河、海河、珠江、松花江及辽河、太湖等）流域水土保持生态环境监测中心站，三级为省级水土保持生态环境监测总站，四级为省级重点防治区监测分站。

省级重点防护区监测分站，根据全国及省水土保持生态环境监测规划，设立相应监测点。具体布设应结合目前水土保持科研所（站、点）及水文站点的布设情况建设，避免重复，部分监测项目可委托相关站进行监测。

国家负责一、二级监测机构的建设和管理，省（自治区、直辖市）负责三、四级监测点的建设和管理。按水土保持生态环境监测规划建设的监测站点不得随意变更，确需调整的须经规划批准机关的审查同意。

（三）水土保持监测职责划分

省级以上水土保持生态环境监测机构的主要职责是：编制水土保持生态环境监测规划和实施计划，建立水土保持生态环境监测信息网，承担并完成水土保持生态环境监测任务，负责监测工作的技术指导、技术培训和质量保证,开展监测技术、监测方法的研究及国内外科技合作和交流,负责汇总和管理监测数据,对下级监测成果进行鉴定和质量认证,及时掌握和预报水土流失动态,编制水土保持生态环境监测报告。除本款规定的职责外,各级监测机构还有以下职责:

水利部水土保持生态环境监测中心对全国水土保持生态环境监测工作实施具体管理。负责拟定水土保持生态环境监测技术规范、标准,组织对全国性、重点区域、重大开发建设项目的水土保持监测,负责对监测仪器、设备的质量和技术认证,承担对申报水土保持生态环境监测资质单位的考核、验证工作。

大江大河流域水土保持生态环境监测中心站参与国家水土保持生态环境监测、管理和协调工作,负责组织和开展跨省际区域、对生态环境有较大影响的开发建设项目的监测工作。

省级水行政主管部门统一管理辖区内水土保持监测工作,负责编制省级相关规划,制定相关规章制度,完善辖区内水土保持监测网络,保障监测点的正常运行与维护,组织开展水土流失动态监测、水土保持监管重点监测,以及水土保持调查,定期发布辖区水土保持公报。市、县级水行政主管部门在上级主管部门的统一部署下开展监测工作。

省级重点防治区监测分站的主要职责:按国家、流域及省级水土保持生态环境监测规划和计划,对列入国家省级水土流失重点预防保护区、重点治理区、重点监督区的水土保持动态变化进行监测,汇总和管理监测数据,编制监测报告。

监测点的主要职责:按有关技术规程对监测区域进行长期定位监测,整编监测数据,编报监测报告。

各级水土保持监测机构负责监测网络建设和运行管理、数据采集与汇总、成果分析评价与报送工作，具体承担水土流失动态监测、监管重点监测和水土保持调查的组织实施，以及水土保持监测评价和纠纷仲裁监测等工作。

（四）水土保持监测的内容

根据2018年修正的《江西省实施〈中华人民共和国水土保持法〉办法》第34条规定，省人民政府水行政主管部门应当完善水土保持监测网络，科学规划、合理设置水土保持监测站点，对全省水土流失进行动态监测，并定期对下列事项进行公告：（1）水土流失类型、面积、强度、分布状况和变化趋势；（2）水土流失造成的危害；（3）水土流失预防和治理情况。

国家水土保持公告每5年发布一次，重点省、重点区域、重大开发建设项目的监测成果根据实际需要发布。

三、水土保持监测的重点任务

全面加强水土流失动态监测。综合应用遥感、地面观测、抽样调查等方法和手段，全面开展水土流失动态监测，及时掌握年度水土流失变化情况并进行公告，为水土流失生态安全预警、水土保持目标责任及有关生态评价考核等提供支撑。动态监测全国、省级和县级行政区以及国家与地方关注的重点区域。监测重点为水土流失面积、强度和分布状况等内容。

在年度水土流失动态监测的基础上，每10年开展一次全国水土保持调查，对水土流失和水土保持情况进行详查，并对年度全国水土流失动态监测成果进行校核。省级调查科根据实际需求适当加密频次。全国统一调查方法、技术和标准时点。

积极推进水土保持监管重点监测。各地应结合实际，每年有计划、有重点地组织开展在建生产建设项目水土流失防治的监督性监测和水土保持重点工程治理成效监测，为水土保持"三同时"制度落实和重点工程效益评估提供执法及决策依据。应积极推进生态脆弱地区、禁止开垦陡坡地、湖泊和水库周边植物保护带等区域的监测，为监督执法提供支撑。

做好应急和案件查处监测。及时开展重大水土流失事件应急监测，为应急处理、减灾救灾和防治对策制定提供技术支撑。全面做好违法行为监测，为违法事实确认、案件查处和纠纷仲裁等提供监测服务。

大力推进水土保持监测信息化。积极利用现代新技术和仪器设备，以及卫星遥感和无人机等先进手段，实现监测数据获取、传输和处理的自动化。充分利用信息技术，提高水土保持监测能力和水平。积极构建水土保持监测成果大数据平台，实现监测数据的实时共享和成果公用，增强水土保持监测的服务能力。

加快完善水土保持监测站点和技术体系。按照统一规划、科学布局的原则，积极结合水文等相关站点，优化水土保持监测点布设，建成布局合理、功能齐全的监测站点体系。推进监测点标准化建设，不断完善设施设备，加强运行维护，及时做好监测数据的整（汇）编工作。科学确定水土保持监测指标，规范工作程序和要求，完善监测评价相关工作。

着力强化水土保持监测成果管理。各级监测机构要公正监测，保证监测成果的真实性、准确性和科学性。水行政主管部门要加强监测成果的报送、审核、发布、存档和应用管理，对监测报告反映的问题，依法依规及时查处，实现管理与监测的有效联动、快速响应。要建立统一权威的监测信息发布制度，及时发布监督水土保持公报，以及水土保持重点监管对象名录和监测信息。切实把监测成果及时应用于水土保持行业和社会管理相关工作，提高监测成果的权威性。

四、水土保持监测成果

2019年7月23日水利部办公厅发布了《水土保持监测成果管理办法》，共26条，从水土保持监测的类型、监测管理及实施、成果审查与报送、成果发布与应用、成果保管、监督管理等方面对水土保持监测成果进行了规范。

水土保持监测的类型主要包括水土流失调查与动态监测、观测点监测、监管重点对象监测、案件办理监测、水土流失事件监测及区域生产建设活动监管监测等成果。

水土流失调查是指定期开展的全国和省级水土流失调查。

动态监测是指以行政区域或重点区域为对象，按照年度开展的水土流失变化监测。观测点监测是指各级水行政主管部门设立或认定的各类水土保持观测点的监测。监管重点对象监测是指根据管理需要，针对某一生产建设项目或水土保持重点工程开展的监测。

案件办理监测是指对水土流失违法事实认定的监测。水土流失事件监测是指针对重大自然灾害造成的水土流失危害监测。

区域生产建设活动监管监测是指根据需要对某一区域生产建设活动水土保持开展的合法合规判别监测。

监测成果审查。按照分级管理职责对区域性监测成果进行审查，重点审查成果的合理性、合规性和完整性。全国水土流失调查成果由水利部负责审查；省级水土流失调查成果由省级水行政主管部门审查。动态监测和区域生产建设活动监测成果由水行政主管部门负责审查。其他监测成果由监测机构按程序和要求及时报送相应的流域管理机构和水行政主管部门。

经审查后的各类监测成果按有关规定报水利部水土保持监测中心，统一或分级录入全国水土保持信息管理系统。

监测机构报送的成果范围主要包括：水土流失调查和动态监测

成果包括监测数据、分析评价报告及图件；观测点监测成果包括整（汇）编后的数据；监测重点对象监测、案件办理监测和水土流失事件监测成果包括监测数据、报告、图件及影像资料。监测机构或承担监测技术服务单位报送的区域生产建设活动监测成果包括疑似违法违规的项目清单及相应的位置和影像资料等。

监测成果发布与应用权限内发布。水土流失调查和动态监测成果由水行政主管部门按权限和程序发布。省级水土流失调查成果发布前报水利部备案。省级动态监测发布成果应与全国动态监测成果相一致。

发布的方式。监测成果可通过公告、公报、新闻发布会等方式发布。

成果应用。各级水行政主管部门应及时将水土流失调查和动态监测成果应用于水土保持政策制定、规划编制、考核评估等工作。区域生产建设活动监管监测、监管重点对象监测、案件办理监测成果应及时应用于生产建设项目监督管理和水土保持重点工程项目组织管理与效益评价等工作；观测点监测成果应及时应用于水土流失调查和动态监测指标因子确定等；水土流失事件监测成果应及时应用于水土流失防治及相关决策。各类监测成果应为科学研究服务。加强执法共享联动，及时将区域生产建设活动监管监测、监管重点对象监测、案件办理监测成果应用于水土保持行政执法工作。

成果保管。要建立各级统一的监测成果数据库，通过水土保持信息系统进行管理，按权限进行查询、分析、共享和应用。检测机构应当建立健全成果接收、归档、查询、备份、数据库及信息系统维护等日常管理制度。各级水行政主管部门应建立与政府相关部门之间的监测成果共享机制，完善数据共享技术服务，促进政府部门之间的数据共享。涉及监测成果管理各环节的单位与个人必须严格执行国家保密规定，对涉密监测成果进行保密管理。

第二十五条【生产建设单位开展水土流失监测】

对可能造成严重水土流失的大中型生产建设项目，生产建设单位应当自行或者委托具备水土保持监测资质的机构开展水土流失监测；项目建设期间，生产建设单位应当在每季度的第一个月，向批准水土保持方案的同级水行政主管部门报送上季度的监测报告；监测任务完成后三个月内，报送监测总结报告。

【条文释义】

开展生产建设单位水土保持监测，是生产建设单位应当履行的一项法定义务，是生产建设单位及时定量掌握水土流失及防治状况、对项目建设的水土流失进行过程控制的重要基础，也是各流域管理机构和地方各级水行政主管部门开展生产建设项目水土保持跟踪调查、验收核查等监管工作的依据和支撑。

一、开展水土保持监测的主体

本条规定的开展水土保持监测的法定主体为可能造成严重水土流失的，且为编制水土保持方案报告书的大中型生产建设项目（征占地面积在5公顷以上或者挖填土石方总量在5万立方米以上的生产建设项目），但下列主体无须开展水土保持监测工作：

根据《水利部关于进一步深化"放管服"改革全面加强水土保持监管的意见》规定，只有编制水土保持方案报告书的项目，应当依法开展水土保持监测工作。

根据《水利部办公厅关于进一步优化开发区内生产建设项目水土保持管理工作的意见》规定，鼓励开发区管理机构对开发区或开发区一定区域统一开展水土保持监测。开发区管理机构统一开展水土保持监测，其监测成果可供区域内项目共享使用，区域内应当开展水土保持监测的项目可不再单独开展。另外，根据《江西省水土保持区域评估办法（试行）》第 11 条第 2 款规定，区域管理机构应当按照有关法律法规和技术要求，组织开展区域建设工程水土保持监测、监理工作。

二、水土保持监测机构

根据本条规定，生产建设单位可以自行开展监测工作，也可以委托具备水土保持监测资质的机构开展水土流失监测。但是需要注意的是，根据《国务院关于取消和下放一批行政审批项目的决定》以及《水利部办公厅关于做好取消生产建设项目水土保持监测单位资质认定行政审批事项相关工作的通知》等文件精神，生产建设项目水土保持监测单位资质认定行政审批项目予以取消，中国水土保持学会不再开展水土保持监测审批工作，而改为开展水土保持监测单位水平评价工作，实行自律管理。

概言之，生产建设单位可以自行也可以委托具备相应技术条件的机构开展监测工作，受托单位没有资质要求。

三、监测的内容和重点

（一）总体要求

承担生产建设项目水土保持监测任务的单位，应当按照水土保持有关技术标准和水土保持方案的要求，根据不同生产建设项目的特点，明确监测内容、方法和频次，调查获取项目区水土流失背景值，定量分析评价自项目动土至投产使用过程中的水土流失状况和防治效果，及时向生产建设单位提出控制施工过程中水土流失的意见建议，并按规定向水行政主管部门定期报送监测情况。

（二）主要任务

生产建设单位水土保持监测的主要任务是：及时、准确掌握生产建设项目水土流失状况和防治效果；落实水土保持方案，加强水土保持设计和施工管理，优化水土流失防治措施，协调水土保持工程与主体工程建设进度；及时发现重大水土流失危害隐患，提出防治对策建议；提供水土保持监督管理技术依据和公众监督基础信息。

（三）监测的内容和重点工作

水土保持监测的依据是水行政主管部门批复的水土保持方案及工程设计文件。

水土保持监测的范围包括工程建设征占、使用和其他扰动区域。

生产建设项目水土保持监测的内容主要包括项目施工全过程各阶段扰动土地情况、水土流失状况、防治成效及水土流失危害等方面。其中：

在扰动土地方面，应重点监测实际发生的永久和临时占地、扰动地表植被面积、永久和临时弃渣量及变化情况等；

在水土流失状况方面，应重点监测实际造成的水土流失面积、分布、土壤流失量及变化情况等；

在水土流失防治成效方面，应重点监测实际采取水土保持工程、植物和临时措施的位置、数量，以及实施水土保持措施前后的防治效果对比情况等；

在水土流失危害方面，应重点监测水土流失对主体工程、周边重要设施等造成的影响及危害等。

（四）监测方法和频次

监测单位应当针对不同监测内容和重点，综合采取卫星遥感、无人机遥感、视频监控、地面观测、实地调查量测等多种方式，充分运用"互联网+"、大数据等高新信息技术手段，不断提高监测质量和水平，实现对生产建设项目水土流失的定量监测和过程控制。

扰动土地情况应至少每月监测1次，其中正在使用的取土弃渣场至少每两周监测1次；对3级以上弃渣场应当采取视频监控方式，全过程记录弃渣和防护措施实施情况。

水土流失状况应至少每月监测1次，发生强降水等情况后应及时监测。其中土壤流失量结合拦挡、排水等措施，设置必要的控制站，进行定量监测。

水土流失防治成效应至少每季度监测1次，其中临时措施应至少每月监测1次。

水土流失危害应结合上述监测内容一并开展。

（五）监测成果及报告

监测单位在监测工作开展前要制定监测实施方案；在监测期间要做好监测记录和数据整编，按季度编制监测报告（以下简称监测季报）；在水土保持设施验收前应编制监测总结报告。监测实施方案、日常监测记录和数据、监测意见、监测季报和总结报告，应及时提交生产建设单位。监测单位发现可能发生水土流失危害情况的，应随时向生产建设单位报告。

监测单位应当在每季度第一个月向审批水土保持方案的水行政主管部门（或者其他审批机关的同级水行政主管部门）报送上一季度的监测季报。其中，水利部审批水土保持方案的生产建设项目，监测季报向项目涉及的流域管理机构报送。

工期3年以上的项目，应每年1月底前报送上一年度监测报告，监测年度报告宜与第四季度报告结合上报。

水土流失危害事件发生后7日内报送水土流失危害事件报告。

监测工作完成后3个月内报送水土保持监测总结报告。

(六) 实行生产建设项目水土保持监测三色评价

生产建设项目水土保持监测三色评价是指监测单位依据扰动土地情况、水土流失状况、防治成效及水土流失危害等监测结果，对生产建设项目水土流失防治情况进行评价，在监测季报和总结报告中明确"绿黄红"三色评价结论。三色评价结论是生产建设单位落实参建单位责任、控制施工过程水土流失的重要依据，也是各流域管理机构和地方各级水行政主管部门实施监管的重要依据。

三色评价以水土保持方案确定的防治目标为基础，以监测获取的实际数据为依据，针对不同的监测内容，采取定量评价和定性分析相结合的方式进行量化打分。三色评价采用评分法，满分为100分；得分80分及以上的为"绿"色，60分及以上不足80分的为"黄"色，不足60分的为"红"色。

监测季报三色评价得分为本季度实际得分，监测总结报告三色评价得分为全部监测季报得分的平均值。

(七) 生产建设项目水土保持监测成果应用

生产建设单位要根据水土保持监测成果和三色评价结论，不断优化水土保持设计，加强施工组织管理，对监测发现的问题建立台账，及时组织有关参建单位采取整改措施，有效控制新增水土流失。对监测总结报告三色评价结论为"红"色的，务必整改措施到位并发挥效益后，方可通过水土保持设施自主验收。

各流域管理机构和地方各级水行政主管部门要进一步强化对水土保持监测成果的应用，将监测三色评价结论及时运用到监管工作中，有针对性地分类采取监管措施，不断增强监管的靶向性和精准性，提升监管效能和水平。

对监测季报和总结报告三色评价结论为"绿"色的，可不进行现场检查和验收核查。对监测季报和总结报告三色评价结论为"黄"色的，应随机抽取不少于20%的项目开展现场检查和验收核查。对监测季报和总结报告三色评价结论为"红"色的，应进行现场检查和验收核查。

结合监督性监测工作，重点抽取三色评价结论为"绿"色的生产建设项目，对其监测成果的真实性进行检查，核实三色评价结论，为监督执法、责任追究、信用惩戒等提供依据。

对存在未按时报送监测季报、监测季报不符合规定、作出不实三色评价结论以及监测工作未按有关规定开展等情形的，要根据生产建设项目水土保持问题分类和责任追究标准、水土保持信用监管"两单"制度等规定，依法依规追究生产建设单位、监测单位及相关人员的责任，列入水土保持"重点关注名单"及"黑名单"，纳入全国及省级水利建设市场监管服务平台及信用平台。

第二十六条【水土保持工程施工监理】

按照国家规定主体工程应当实施工程施工监理的生产建设项目，有水土保持工程的，生产建设单位应当将水土保持工程纳入委托监理范围，受委托的单位应当按照相关规范要求开展水土保持工程施工监理。

【条文释义】

一、水土保持监理概述

（一）监理的基本内涵

1. 监理的基本概念。

"监理"一词，可理解为名词，也可理解为指一项具体行为的动词。其英文相应的名词是 supervision，动词是 supervise。如何完整准确地解释和理解其含义,需要作进一步研究和探讨。

"监"是监视、督察的意思。《诗经·小雅·节南山》就有:"何用不监。""监"是一项目标性很明确的具体行为,进一步延伸的话,其有视察、检查、评价、控制等纠偏、督促实现目标。"理"可从几个方面进行理解。首先,它是一个哲学概念,通常指条理、准则。如战国时期韩非子认为:"理者,成物之文(指规律)也"。其次,"理"通"吏",是指官员或执行者。

以此引申"监理"的含义,可表述为:以某项条理或准则为依据,对一项行为进行监视、督察、控制和评价。当然,这是由一个执行机构或是一执行者来实施的行为,这个机构或执行者也可以称作"监理"。而"疏理"侧重于对计划、组织、指挥、控制、协调等从中疏理、实现目标的意思。

因此,综合上述几层意思,"监理"的含义可以更全面地表述为:一个执行机构或执行者,依据准则,对某一行为的有关主体进行督察、监控和评价,守"理"者按程序办事,违"理"者则必究;同时,这个执行机构或执行者还要采取组织、协调、控制、措施完成任务,使主办人员更准确、更完整、更合理地达到预期目标。

2. 监理的性质

(1)服务性。它不同于承建商的直接生产活动,也不同于建设单位的直接投资活动,它不向建设单位承包工程,不参与承包单位的利益分成,它获得的是技术服务性的报酬。工程建设监理的服务客体是建设单位的工程项目,服务对象是建设单位。这种服务性的活动是严格按照委托监理合同和其他有关工程建设合同来实施的,是受法律约束和保护的。

(2)科学性。监理的科学性体现为其工作的内涵是为工程管理与工程技术提供智力的服务。

(3)公平性。工程监理机构应以事实为依据,以法律和有关合同为准绳,在维护业主合法权益时,不损害承包商的合法权益,这体现了工程监理的公平性。

(4)独立性。与建设单位、承建商之间的关系是一种平等主体关系,应当按照独立自主的原则开展监理活动。

国家推行强制监理的一个重要目的是通过对监理企业法律责任的规定,促进建筑市场的规范,制约建设单位和施工单位的建设行为。也就是说,如果建设单位存在违反法规、规范的行为,监理应予以制止或向有关部门报告。

(二)水土保持监理的基本内涵与发展[1]

1. 水土保持监理的起源和发展

水土保持监理不仅有利于加强生产建设项目水土保持设施建设现场管理,保证工程质量,提高投资效益,而且在督促项目参建单位提高水土保持意识、贯彻水土保持法、落实"三同时"制度、实施水土保持方案等方面有着重要作用。

水土保持监理单位只有根据不同生产建设项目的特点,认真做好监理规划和工作界面划分,安排好现场工作,并处理好与主体工程监理单位的关系,才能保证监理工作的顺利开展,充分发挥水土保持监理在生产建设项目水土流失防治中的作用。

我国水土保持工程建设监理起步较晚,20世纪末开始试点,进入21世纪后随着国家水土保持生态工程建设步伐的不断加快,特别是国家对生产建设项目水土保持工作的日益重视,水土保持工程监理才得到了全面快速的发展。

2002年,国家环境保护总局、铁道部、交通部、水利部、国

---

[1] 参见杨顺利、杨周瑾:《水土保持监理的作用及技术服务途径》,载《中国水土保持》2016年第9期。

家电力公司、中国石油天然气集团公司联合发布的《关于在重点建设项目中开展工程环境监理试点的通知》明确指出：建设单位应按环境影响报告书（含水土保持方案）审批文件要求制订施工期工程环境监理计划，并选择有相应资质的监理单位开展监理工作。

2003年3月，水利部印发的《关于加强大中型开发建设项目水土保持监理工作的通知》进一步明确指出：凡水利部批准的水土保持方案，在其实施过程中必须进行水土保持监理，其监理成果是开发建设项目水土保持设施验收的基础和验收报告必备的专项报告。同时，水利部还发布了《水土保持生态建设工程监理管理暂行办法》，对水土保持监理从单位、人员资质、监理依据、范围、内容、方法等方面作了具体规定，有力地推动了水土保持工程监理工作的发展。

2006年，水利部颁布了《水土保持工程质量评定规程》，并以水利部28号、29号令发布了《水利工程建设监理规定》和《水利工程建设监理单位资质管理办法》，分别对水土保持监理作了明确规定。

2011年又出台了《水土保持工程施工监理规范》，使水土保持监理工作逐步走向科学化和规范化。

2. 水土保持监理的意义

实施水土保持监理，对防治生产建设项目水土流失防治具有重要作用。

（1）督促"三同时"制度。只有水土保持监理单位及早介入，并且从专业的角度对水土保持工作进行监督管理，才能督促建设单位按照《水土保持法》的要求，落实"三同时"制度，提高水土保持设施建设质量，最大限度地遏制人为新的水土流失发生。

（2）督促水土保持方案实施。只有以水土保持方案作为主要监理依据的水土保持专业监理机构及时介入，才能有效地督促建设单位和施工单位真正重视水土保持工作，落实好水土保持方案。

（3）促进水土保持方案后续设计。水土保持设施量大、面广、线长，涉及项目的每个角落，而且比较零散，没有水土保持监理单位的现场巡查和技术指导，设计单位很难将后续设计落实到位。特别是在主体工程施工过程中，对地貌形成了大量扰动，并伴随有大量的弃土弃渣，极易产生水土流失和滑坡、泥石流等次生灾害，需要采取大量的临时工程措施加以防护，这些都需要水土保持监理人员根据实际情况，从专业角度指导施工单位采取措施进行防护治理，只有这样才能确保水土流失防治效果。

（4）保证水土保持设施建设质量。一方面，水土保持工程的施工质量控制是水土保持监理单位的一项重要职责和工作内容，水土保持监理单位作为专业的技术服务机构，会根据各类水土保持设施的特点，运用专业的知识和手段督促施工单位保证工程施工质量；另一方面，水土保持方案是项目可行性研究阶段的技术性文件，其技术深度，尤其是一些重要工程措施根本达不到施工要求，甚至还存在防护措施布设与实际不相符的情况，水土保持监理单位介入后，能根据实际情况，为建设单位和施工单位提供更加合理的、符合专业特点的建议，以提高水土保持设施的针对性和有效性，确保水土保持设施的建设质量。

（5）提高所有参建单位的水土保持责任意识。水土保持不仅仅是一项工程，更多的是一种理念和责任意识。一个生产建设项目的水土保持方案不可能解决所有的水土流失问题。水土保持监理单位参与到工程建设当中，不仅能有效地督促施工单位严格按照水土保持方案、初步设计和后续设计进行施工，保证水土保持设施的建设质量，而且能通过日常巡查发现一些水土保持方案以外的水土流失隐患，督促建设单位采取必要的防治措施。

同时，还可以通过第一次工地会议、工程建设周例会、每月总结会等各类会议，向所有参建单位和人员宣传水土保持知识，不断提高建设者的水土保持责任意识，促进水土保持法在项目建设中的全面贯彻落实。

（6）为预防监督提供更加可靠的决策信息。水土保持设施建设在整个生产建设项目中处于附属地位，而且分布比较分散，尤其是长距离线状工程，一些水土保持设施往往离主体工程较远，且环境较为复杂。因此，各级水行政主管部门在开展水土保持监督执法时，受时间等因素的限制，往往很难全面了解整个项目的水土保持状况。

只有水土保持监理单位，作为受业主委托专门在工程建设现场从事水土保持设施建设监督管理这样的机构，才能全面掌握整个项目的水土保持情况，也只有监理单位能为各级水土保持监督部门提供更加全面真实的信息，并且在督查工作结束后督促各参建单位落实督查意见。

二、水土保持工程监理的构成

（一）实施水土保持工程监理的范围

本条规定，实施水土保持工程监理的范围是"主体工程应当实施工程施工监理的生产建设单位"，也就是说，只要主体工程实施了监理，那么相应的水土保持工程也应实施监理，水土保持工程也应纳入相应的监理，即需要确定工程实施监理的范围。

根据水利部《水利工程建设监理规定（2017）》第3条之规定，水利工程建设项目依法实行建设监理。

总投资200万元以上且符合下列条件之一的水利工程建设项目，必须实行建设监理：

（1）关系社会公共利益或者公共安全的；

（2）使用国有资金投资或者国家融资的；

（3）使用外国政府或者国际组织贷款、援助资金的。

铁路、公路、城镇建设、矿山、电力、石油天然气、建材等开发建设项目的配套水土保持工程，符合前款规定条件的，应当按照本规定开展水土保持工程施工监理。

另外，根据《水利部关于进一步深化"放管服"改革全面加强水土保持监管的意见》规定，"征占地面积在20公顷以上或者挖填土石方总量在20万立方米以上的项目，应当配备具有水土保持专业监理资格的工程师；征占地面积在200公顷以上或者挖填土石方总量在200万立方米以上的项目，应当由具有水土保持工程施工监理专业资质的单位承担监理任务"。

综上，水利部《水利工程建设监理规定（2017）》以及《水利部关于进一步深化"放管服"改革全面加强水土保持监管的意见》等规定，构成了水土保持工程实施强制监理的依据。

（二）水土保持工程监理的实施

1. 监理业务的委托与承接

按照规定必须实施建设监理的水利工程建设项目，项目法人应当按照水利工程建设项目招标投标管理的规定，确定具有相应资质的监理单位，并报项目主管部门备案。

项目法人和监理单位应当依法签订监理合同。

项目法人委托监理业务，合同价格不得低于成本。监理单位不得违反标准规范规定或合同约定，通过降低服务质量、减少服务内容等手段进行恶性竞争，扰乱正常市场秩序。

项目法人及其工作人员不得索取、收受监理单位的财物或者其他不正当利益。

监理单位应当按照水利部的规定，取得《水利工程建设监理单位资质等级证书》，并在其资质等级许可的范围内承揽水利工程建设监理业务。

两个以上具有资质的监理单位，可以组成一个联合体承接监理业务。联合体各方应当签订协议，明确各方拟承担的工作和责任，并将协议提交项目法人。联合体的资质等级，按照同一专业内资质等级较低的一方确定。联合体中标的，联合体各方应当共同与项目法人签订监理合同，就中标项目向项目法人承担连带责任。

监理单位与被监理单位以及建筑材料、建筑构配件和设备供应单位有隶属关系或者其他利害关系的，不得承担该项工程的建设监理业务。

监理单位不得以串通、欺诈、胁迫、贿赂等不正当竞争手段承揽水利工程建设监理业务。

监理单位不得允许其他单位或者个人以本单位名义承揽水利工程建设监理业务。监理单位不得转让监理业务。

2. 监理单位委派监理人员

监理单位应当聘用一定数量的监理人员从事水利工程建设监理业务。监理人员包括总监理工程师、监理工程师和监理员。总监理工程师、监理工程师应当具有监理工程师职业资格，总监理工程师还应当具有工程类高级专业技术职称。

监理工程师应当由其聘用监理单位（以下简称注册监理单位）报水利部注册备案，并在其注册监理单位从事监理业务；需要临时到其他监理单位从事监理业务的，应当由该监理单位与注册监理单位签订协议，明确监理责任等有关事宜。

监理人员应当保守执（从）业秘密，并不得同时在两个以上水利工程项目从事监理业务，不得与被监理单位以及建筑材料、建筑构配件和设备供应单位发生经济利益关系。

监理单位应当将项目监理机构及其人员名单、监理工程师和监理员的授权范围书面通知被监理单位。监理实施期间监理人员有变化的，应当及时通知被监理单位。

监理单位更换总监理工程师和其他主要监理人员的，应当符合监理合同的约定。

3. 监理单位监理的实施程序

监理单位应当按下列程序实施建设监理：

（1）按照监理合同，选派满足监理工作要求的总监理工程师、监理工程师和监理员组建项目监理机构，进驻现场；

（2）编制监理规划，明确项目监理机构的工作范围、内容、目标和依据，确定监理工作制度、程序、方法和措施，并报项目法人备案；

（3）按照工程建设进度计划，分专业编制监理实施细则；

（4）按照监理规划和监理实施细则开展监理工作，编制并提交监理报告；

（5）监理业务完成后，按照监理合同向项目法人提交监理工作报告、移交档案资料。

4. 监理职责划分

水利工程建设监理实行总监理工程师负责制。总监理工程师负责全面履行监理合同约定的监理单位职责，发布有关指令，签署监理文件，协调有关各方之间的关系。

监理工程师在总监理工程师授权范围内开展监理工作，具体负责所承担的监理工作，并对总监理工程师负责。

监理员在监理工程师或者总监理工程师授权范围内从事监理辅助工作。

5. 监理单位的职责

（1）监理单位应当按照监理合同，组织设计单位等进行现场设计交底，核查并签发施工图。未经总监理工程师签字的施工图不得用于施工。

（2）监理单位不得修改工程设计文件。监理单位应当按照监理规范的要求，采取旁站、巡视、跟踪检测和平行检测等方式实施监理，发现问题应当及时纠正、报告。

（3）监理单位不得与项目法人或者被监理单位串通，弄虚作假、降低工程或者设备质量。

（4）监理人员不得将质量检测或者检验不合格的建设工程、建筑材料、建筑构配件和设备按照合格签字。

未经监理工程师签字，建筑材料、建筑构配件和设备不得在工程上使用或者安装，不得进行下一道工序的施工。

（5）监理单位应当协助项目法人编制控制性总进度计划，审查被监理单位编制的施工组织设计和进度计划，并督促被监理单位实施。

（6）监理单位应当协助项目法人编制付款计划，审查被监理单位提交的资金流计划，按照合同约定核定工程量，签发付款凭证。

未经总监理工程师签字，项目法人不得支付工程款。

（7）监理单位应当审查被监理单位提出的安全技术措施、专项施工方案和环境保护措施是否符合工程建设强制性标准和环境保护要求，并监督实施。

监理单位在实施监理过程中，发现存在安全事故隐患的，应当要求被监理单位整改；情况严重的，应当要求被监理单位暂时停止施工，并及时报告项目法人。被监理单位拒不整改或者不停止施工的，监理单位应当及时向有关水行政主管部门或者流域管理机构报告。

6. 项目法人的义务

项目法人应当向监理单位提供必要的工作条件，支持监理单位独立开展监理业务，不得明示或者暗示监理单位违反法律、法规和工程建设强制性标准，不得更改总监理工程师指令。

项目法人应当按照监理合同，及时、足额支付监理单位报酬，不得无故削减或者拖延支付。

项目法人可以对监理单位提出并落实的合理化建议给予奖励。奖励标准由项目法人和监理单位协商确定。

三、水土保持工程监理资质

从事水利工程建设监理业务的单位，应当依法取得资质，并在资质等级许可的范围内承揽水利工程建设监理业务。

申请监理资质的单位，应当按照其拥有的技术负责人、专业技术人员和工程监理业绩等条件，申请相应的资质等级。

（一）水土保持工程施工监理专业资质承担业务的范围

甲级可以承担各等级水土保持工程的施工监理业务。乙级可以承担Ⅱ等以下各等级水土保持工程的施工监理业务。丙级可以承担Ⅲ等水土保持工程的施工监理业务。

其中，Ⅰ等：500平方公里以上的水土保持综合治理项目；总库容100万立方米以上、小于500万立方米的沟道治理工程；征占地面积500公顷以上的开发建设项目的水土保持工程。

Ⅱ等：150平方公里以上、小于500平方公里的水土保持综合治理项目；总库容50万立方米以上、小于100万立方米的沟道治理工程；征占地面积50公顷以上、小于500公顷的开发建设项目的水土保持工程。

Ⅲ等：小于150平方公里的水土保持综合治理项目；总库容小

于 50 万立方米的沟道治理工程；征占地面积小于 50 公顷的开发建设项目的水土保持工程。

同时具备水利工程施工监理专业资质和乙级以上水土保持工程施工监理专业资质的，方可承担淤地坝中的骨干坝施工监理业务。

(二) 水土保持工程施工监理资质条件

申请监理单位资质，应当具备"水利工程建设监理单位资质等级"标准规定的资质条件。监理单位资质一般按照专业逐级申请。申请人可以申请一个或者两个以上专业资质。

甲级监理单位资质条件：具有健全的组织机构、完善的组织章程和管理制度。技术负责人具有高级专业技术职称，并取得监理工程师资格证书；专业技术人员、监理工程师以及其中具有高级专业技术职称的人员，均不得少于规定的人数。造价工程师不得少于 3 人；具有 5 年以上水利工程建设监理经历，且近 3 年监理业绩分别为：

(1) 申请水利工程施工监理专业资质，应当承担过（含正在承担，下同）1 项 II 等水利枢纽工程，或者 2 项 II 等（堤防 2 级）其他水利工程的施工监理业务；该专业资质许可的监理范围内的近 3 年累计合同额不少于 600 万元。

承担过水利枢纽工程中的挡、泄、导流、发电工程之一的，可视为承担过水利枢纽工程。

(2) 申请水土保持工程施工监理专业资质，应当承担过 2 项 II 等水土保持工程的施工监理业务；该专业资质许可的监理范围内的近 3 年累计合同额不少于 350 万元。

(3) 申请机电及金属结构设备制造监理专业资质，应当承担过 4 项中型机电及金属结构设备制造监理业务；该专业资质许可的监理范围内的近 3 年累计合同额不少于 300 万元。

能运用先进技术和科学管理方法完成建设监理任务。

乙级监理单位资质条件：具有健全的组织机构、完善的组织章程和管理制度。技术负责人具有高级专业技术职称，并取得监理工程师资格证书；专业技术人员、监理工程师以及其中具有高级专业技术职称的人员，均不得少于规定的人数。造价工程师不得少于2人；具有3年以上水利工程建设监理经历，且近3年监理业绩分别为：

（1）申请水利工程施工监理专业资质，应当承担过3项Ⅲ等（堤防3级）水利工程的施工监理业务；该专业资质许可的监理范围内的近3年累计合同额不少于400万元。

（2）申请水土保持工程施工监理专业资质，应当承担过4项Ⅲ等水土保持工程的施工监理业务；该专业资质许可的监理范围内的近3年累计合同额不少于200万元。

能运用先进技术和科学管理方法完成建设监理任务。

丙级和不定级监理单位资质条件：具有健全的组织机构、完善的组织章程和管理制度。技术负责人具有高级专业技术职称，并取得监理工程师资格证书；专业技术人员、监理工程师以及其中具有高级专业技术职称的人员，均不得少于规定的人数。造价工程师不得少于1人；能运用先进技术和科学管理方法完成建设监理任务。

申请重新认定、延续或者核定丙级（或者不定级）监理单位资质，还须专业资质许可的监理范围内的近3年年均监理合同额不少于30万元。

（三）监理单位资质申请、受理、认定

1. 申请

监理单位资质每年集中认定一次，受理时间由水利部提前3个月向社会公告。

监理单位分立后申请重新认定监理单位资质以及监理单位申请资质证书变更或者资质延续的，不适用前款规定。

申请人应当向其注册地的省、自治区、直辖市人民政府水行政主管部门提交申请材料。但是，水利部直属单位独资或者控股成立的企业申请监理单位资质的，应当向水利部提交申请材料；流域管理机构直属单位独资或者控股成立的企业申请监理单位资质的，应当向该流域管理机构提交申请材料。

省、自治区、直辖市人民政府水行政主管部门和流域管理机构应当自收到申请材料之日起20个工作日内提出意见，并连同申请材料转报水利部。水利部按照《中华人民共和国行政许可法》第32条的规定办理受理手续。

首次申请监理单位资质，申请人应当提交以下材料：《水利工程建设监理单位资质等级申请表》；企业章程；法定代表人身份证明；《水利工程建设监理单位资质等级申请表》中所列监理工程师、造价工程师的申请人同意注册证明文件（已在其他单位注册的，还需提供原注册单位同意变更注册的证明），以及上述人员的劳动合同和社会保险凭证。

申请晋升、重新认定、延续监理单位资质等级的，除提交前款规定的材料外，还应当提交以下材料：原《水利工程建设监理单位资质等级证书》（副本）；近3年承担的水利工程建设监理合同书，以及已完工程的建设单位评价意见。

申请人应当如实提交有关材料和反映真实情况，并对申请材料的真实性负责。

2. 决定

水利部应当自受理申请之日起20个工作日内作出认定或者不予认定的决定；20个工作日内不能作出决定的，经本机关负责人批准，可以延长 10 个工作日。决定予以认定的，应当在 10 个工作日内颁发《水利工程建设监理单位资质等级证书》；不予认定的，应当书面通知申请人并说明理由。

水利部在作出决定前，应当组织对申请材料进行评审，并将评审结果在水利部网站公示，公示时间不少于 7 日。

水利部应当制作《水行政许可除外时间告知书》，将评审和公示时间告知申请人。

《水利工程建设监理单位资质等级证书》包括正本 1 份、副本 4 份，正本和副本具有同等法律效力，有效期 5 年。

（四）监理单位资质变更、延期

资质等级证书有效期内，监理单位的名称、地址、法定代表人等工商注册事项发生变更的，应当在变更后 30 个工作日内向水利部提交水利工程监理单位资质等级证书变更申请并附工商注册事项变更的证明材料，办理资质等级证书变更手续。水利部自收到变更申请材料之日起 3 个工作日内办理变更手续。

监理单位发生合并、重组、分立的，可以确定由一家单位承继原单位资质，该单位应当自合并、重组、分立之日起 30 个工作日内，按照本办法第 10 条、第 11 条的规定，提交有关申请材料以及合并、重组、分立决议和监理业绩分割协议。经审核，注册人员等事项满足资质标准要求的，直接进行证书变更。重组、分立后其他单位申请获得水利工程建设监理单位资质的，按照首次申请办理。

资质等级证书有效期届满，需要延续的，监理单位应当在有效期届满 30 个工作日前，按照本办法第 10 条、第 11 条的规定，向水利部提出延续资质等级的申请。水利部在资质等级证书有效期届满前，作出是否准予延续的决定。

第二十七条【水土保持技术服务机构的要求】

从事水土保持方案编制及水土保持监测、监理、技术评估、规划编制等技术服务的机构，应当遵守有关法律法规、技术标准、规程规范，不得弄虚作假、伪造、篡改、虚报、瞒报数据。

【条文释义】

水土保持中介机构应当遵守法律法规政策的规定，遵守职业伦理，开展各类服务。水土保持类行业协会（学会）、行政主管部门应当加强行业自律、事中事后监管，规范行业服务行为。中国水土保持学会根据水利部的文件精神，对生产建设单位水土保持方案编制单位、水土保持监测单位开展水平评价工作，其目的是贯彻落实《水土保持法》以及国务院关于行业自律的相关要求，提高中介机构的信息真实性和服务水平。

一、对水土保持方案编制单位水平评价

水土保持方案编制单位水平评价的对象是具有独立法人资格的企事业单位，自愿申请进行评价。水平评价实行公开、公平、公正的原则，实行行业自律。水平评价实行星级评价，分为一星级到五星级，五星级为最高等级。

（一）申请条件及材料

中国水土保持学会原则上每年集中开展一次水平评价工作，申请单位应在每年 6 月底前完成申报工作，评价结果于当年 9 月底前公布。

1. 申请单位应当具备的条件

申请单位应当符合以下条件：（1）具有独立法人资格的企事业单位；（2）具有固定工作场所；（3）具有组织章程和管理制度；

(4) 技术负责人必须具有水土保持（或相关专业）的高级专业技术职称，且具有 5 年以上从事水土保持工作的经历；(5) 具有水土保持（或相关专业）大专以上学历、技术职称或从业经历的专业技术人员不少于 10 人。其中：高级以上专业技术职称人员或注册水利水电工程水土保持工程师不少于 2 人（含技术负责人），中级以上（含中级）专业技术职称人员不少于 4 人；所学专业为水土保持的人员不少于 2 人，水利工程类或其他土木工程类的人员不少于 1 人。

2. 申请材料

申请单位需向中国水土保持学会提交以下材料：(1) 水平评价申请书；(2) 法人资格证明（企业法人营业执照或事业法人证书）；(3) 工作场所证明（房产证明、租赁合同或其他有效证明）；(4) 单位章程和管理制度；(5) 申请水平评价诚信承诺书；(6) 技术人员（含技术负责人）身份证明材料，包括身份证（彩色复印件）、毕业证、职称证以及其他证明材料；(7) 技术人员（含技术负责人）在职证明材料：①事业单位。提供本单位人事部门或有人事管理权的上级人事部门提供的人事关系（正式在编）证明；事业单位聘用人员提供社会保险管理单位出具的近期至少 6 个月的在本单位本地参加社会保险（养老、医疗、失业）的清单凭证及劳动合同；②企业单位。提供社会保险管理单位出具的近期至少 6 个月的在本单位本地参加社会保险（养老、医疗、失业）的清单凭证及劳动合同。

（二）评价标准及程序

1. 评价标准

主要从以下方面进行考查评价：

水平评价内容主要包括申请单位的基本条件（满足基本条件的

给60分）。

技术人员配备包括：职称结构（正高职称、副高、中级职称人数）；专业要求（具有专业背景的技术人员数量、具有水利工程类或其他土木工程类技术人员数量）；工程设计（考查具有注册水利水电工程水土保持工程师人数）；继续教育（考查参加水土保持相关继续教育培训人次数）；质量管理（考查是否具有质量管理体系认证证书）。

单位业绩方面包括：完成中央立项、省级、市县立项生产建设项目水土保持方案编制情况。

从业时间主要考查首次证书批准年起到申请年止的整数年。

近3年的信用度，主要考查对服务对象是否严重失信；是否受到过主管部门行政处罚；从业期间水土保持方案制作是否弄虚作假，是否通过技术评审或行政审批。

2. 评价程序

水平评价程序主要包括以下方面：（1）信息报送：申请单位应在中国水土保持学会网站"水平评价管理系统"如实填报申请材料，并对填报信息的真实性负责。（2）信息公开：中国水土保持学会在审核申请材料时在中国水土保持学会网站上公开申请单位的基本条件、技术人员、单位业绩、从业时间、信用度等相关信息（法律法规规定不得公开的除外），接受社会监督。（3）评审：中国水土保持学会咨询与评价工作委员会组织专家依据申报信息，按照生产建设项目水土保持方案编制单位水平评价标准进行评审。（4）公示：评审结果在中国水土保持学会网站进行公示，公示时间为5个工作日。对评审结果有异议的，应当在公示期满前向中国水土保持学会提出，说明理由并提供相关材料。（5）公告：经公示并复核后的评审结果，由中国水土保持学会向社会公告。（6）证书颁发：中国水土保持学会依据公告的评审结果，向申请单位颁发相应等级的水平评价证书，证书有效期3年，包括1份正本和3份副本，正本和副本具有同等法律效力。

（三）信用管理

中国水土保持学会对持证单位生产建设项目水土保持方案编制从业情况开展信用管理工作。

信用管理主要采取随机抽查核实的方式完成，抽查核实的主要内容包括：（1）填报信息的真实性；（2）方案编制质量；（3）持证单位的基本条件；（4）服务对象的反馈意见；（5）行业主管部门意见；（6）违法违规行为。

随机抽查、社会监督（如公众举报、媒体曝光等）发现的不良行为，纳入信用管理，并依据存在的不良行为的程度和频次进行处罚。

中国水土保持学会随机抽查、社会监督中发现的不良行为包括以下几种：（1）申报材料弄虚作假；（2）涂改、倒卖、出借水平评价证书；（3）对服务对象严重失信；（4）受到行业主管部门行政处罚；（5）监测成果弄虚作假；（6）违法违规行为。

中国水土保持学会发现持证单位存在申报材料弄虚作假，涂改、倒卖、出借水平评价证书以及违法违规行为情况之一的，取消其水平评价资格，并在两年内不再受理监测单位水平评价申请，处理结果及时向社会公告；持证单位存在对服务对象严重失信、被行业主管部门行政处罚、出现监测成果弄虚作假等情况之一的，中国水土保持学会可以视情节严重程度，通过扣减信用度相应分值的方法降级直至取消持证单位水平评价资格。

二、对水土保持监测单位水平评价

依据《生产建设项目水土保持监测资质管理办法》的规定，生产建设项目水土保持监测资质分为甲级、乙级两个等级。根据资质等级的区别，监测单位能够从事的水土保持方案监测级别和范围也有所不同。取得甲级资质的单位，可以承担由各级人民政府水行政主管部门审批水土保持方案的生产建设项目的水土保持监测工作；取得乙级资质的单位，可以承担由县级以上地方人民政府水行政主管部门审批水土保持方案的生产建设项目的水土保持监测工作。在部门职责方面，由国务院水行政主管部门负责监测资质审批和监督管理。省、自治区、直辖市人民政府水行政主管部门负责本行政区域监测资质申请材料的接收、转报及相关监督管理工作。生产建设项目水土保持监测单位水平评价的对象为具有独立法人资格的企事业单位，水平评价工作自愿进行。水平评价工作坚持公开、公平、公正的原则，实行行业自律。水平评价实行星级评价，分为一星级到五星级，五星级为最高等级，并实行动态管理，接受社会监督。

（一）申请条件及材料

中国水土保持学会原则上每年集中开展一次水平评价工作，申请单位应在每年6月底前完成申报工作，评价结果于当年9月底前公布。

1. 申请单位应当具备的条件

申请单位应当符合以下条件：(1) 具有独立法人资格的企事业单位。(2) 具有固定工作场所。(3) 具有组织章程和管理制度。(4) 技术负责人必须具有水土保持（或相关专业）的高级专业技术职称，且具有5年以上从事水土保持工作的经历。(5) 具有水土保持监测相关专业学历、技术职称或从业经历的专业技术人员不少于10人。其中：具有水土保持专业学历的不少于2人，具有高级专业技术职称的不少于2人，具有中级以上（含中级）专业技术职称的不少于4人，参与过水土保持方案编制、设计、监测、监理、验收评估、规划编制或者科学研究工作的不少于3人。(6)配备必要的监测仪器、设备。

2. 申请材料

申请单位需向中国水土保持学会提交以下材料：(1)水平评价申请书；(2)法人资格证明（企业法人营业执照或事业法人证书）；(3)工作场所证明（房产证明、租赁合同或其他有效证明）；(4)单位章程和管理制度；(5)申请水平评价诚信承诺书；(6)技术人员（含技术负责人）身份证明材料，包括身份证（彩色复印件）、毕业证、职称证以及其他证明材料；(7)技术人员（含技术负责人）在职证明材料：①事业单位。提供本单位人事部门或具有人事管理权的上级人事部门提供的人事关系（正式在编）证明；事业单位聘用人员提供社会保险管理单位出具的近期至少6个月的在本单位本地参加社会保险（养老、医疗、失业）的清单凭证及劳动合同。②企业单位。提供社会保险管理单位出具的近期至少6个月的在本单位本地参加社会保险（养老、医疗、失业）的清单凭证及劳动合同。(8)监测仪器设备清单。

（二）评价标准及程序

1. 评价标准

主要从以下方面进行考查评价：

水平评价内容主要包括申请单位的基本条件（满足基本条件的给60分）。

技术人员配备包括：职称结构（正高职称、副高、中级职称人数）；专业要求（具有水土保持或水土保持与荒漠化防治专业学历的技术人员数）；继续教育（考查参加水土保持相关继续教育培训人次数）；质量管理（考查是否具有质量管理体系认证证书）。

监测仪器设备配备：水土流失观测（检查是否有径流、泥沙等监测设备）；遥感监测（考查是否配备无人机、卫星影像处理设备）。

单位业绩方面包括：完成中央立项、省级、市县立项生产建设项目水土保持监测情况。

从业时间主要考查首次证书批准年起到申请年止的整数年。

近3年的信用度，主要考查对服务对象是否严重失信；是否受到过主管部门行政处罚；从业期间水土保持方案制作是否弄虚作假，是否通过技术评审或行政审批。

2. 评价程序

水平评价程序主要包括以下方面：（1）信息报送：申请单位应在中国水土保持学会网站"水平评价管理系统"如实填报申请材料，并对填报信息的真实性负责。（2）信息公开：中国水土保持学会在审核申请材料时在中国水土保持学会网站上公开申请单位的基本条件、技术人员、监测仪器设备配备、单位业绩、从业时间、信用度等相关信息（法律、法规规定不得公开的除外），接受社会监督。（3）评审：中国水土保持学会咨询与评价工作委员会组织专家依据申报信息，按照生产建设项目水土保持监测单位水平评价标准进行评审。（4）公示：评审结果在中国水土保持学会网站进行公示，公示时间为5个工作日。对评审结果有异议的，应当在公示期满前向中国水土保持学会提出，说明理由并提供相关材料。（5）公告：经公示并复核后的评审结果，由中国水土保持学会向社会公告。（6）证书颁发：中国水土保持学会依据公告的评审结果，向申请单位颁发相应等级的水平评价证书，证书有效期3年，包括1份正本和3份副本，正本和副本具有同等法律效力。

（三）信用管理

中国水土保持学会对持证单位生产建设项目水土保持监测从业情况开展信用管理工作。

信用管理主要采取随机抽查核实的方式完成，抽查核实的主要内容包括：（1）填报信息的真实性；（2）监测成果质量；（3）持证单位的基本条件；（4）服务对象的反馈意见；（5）行业主管部门意见；（6）违法违规行为。

随机抽查、社会监督（如公众举报、媒体曝光等）发现的不良行为，纳入信用管理，并依据存在的不良行为的程度和频次进行处罚。

中国水土保持学会随机抽查、社会监督中发现的不良行为包括以下几种：（1）申报材料弄虚作假；（2）涂改、倒卖、出借水平评价证书；（3）对服务对象严重失信；（4）受到行业主管部门行政处罚；（5）监测成果弄虚作假；（6）违法违规行为。

中国水土保持学会发现持证单位存在申报材料弄虚作假，涂改、倒卖、出借水平评价证书以及违法违规行为情况之一的，取消其水平评价资格，并在两年内不再受理监测单位水平评价申请，处理结果及时向社会公告；持证单位存在对服务对象严重失信、被行业主管部门行政处罚、出现监测成果弄虚作假等情况之一的，中国水土保持学会可以视情节严重程度，通过扣减信用度相应分值的方法降级直至取消持证单位水平评价资格。

第二十八条【行业主管部门跟踪检查】

市、县级人民政府水行政主管部门应当对生产建设项目水土保持方案的实施情况进行跟踪检查，发现问题及时处理。检查事项包括：

（一）水土保持方案报批、后续设计情况；

（二）水土保持措施落实情况；

（三）水土保持设施在招投标文件、施工合同中的落实情况；

（四）水土保持监测、监理工作情况；

（五）水土保持方案变更手续办理情况；

（六）水土保持投资资金到位以及使用情况和水土保持补偿费缴纳情况；

（七）砂、石、土、矸石、尾矿、废渣等废弃物处置情况；

（八）水土保持设施验收工作情况；

（九）其他依法应当跟踪检查的情况。

市、县级人民政府水行政主管部门可以委托相关专业机构对水土保持监督检查工作提供技术服务。

【条文释义】

一、水土保持方案实施情况跟踪检查是落实水土保持方案的保障性措施

一些生产建设单位由于水土保持法律意识淡薄和受利益驱动，往往把水土保持方案作为立项的"敲门砖"，一旦通过了审批，就将水土保持方案束之高阁，不去落实，失去了编报、审批水土保持方案的意义和作用。通过水土保持方案审批后实施情况的跟踪检查，促使生产建设单位落实水土保持设计、防治资金、监测监理、验收的责任，形成监督机制，保障水土保持方案的落实。

二、市、县水行政主管部门是跟踪检查的责任主体

本条例作为设区市地方性法规规定，市、县政府的水行政主管部门是实施跟踪检查的责任主体，在检查中发现水土保持设计不落实、施工不落实、专项验收不落实，以及水土保持措施进度、质量、效果不符合规定，甚至存在水土流失隐患时，应及时处理，防止发生严重水土流失及灾害性事件。

三、水行政主管部门跟踪检查的方式、内容、程序

1. 跟踪检查的方式

市、县水行政主管部门开展跟踪检查，应当采取遥感监管、现场检查、书面检查、"互联网+监管"相结合的方式，实现在建项目全覆盖。

现场检查随机确定检查对象，每年现场检查的比例不低于本级审批方案项目的10%。对有举报线索、不及时整改、不按规定提交水土保持监测季报和纳入重点监管对象的项目应当开展现场检查。

2. 跟踪检查的内容

跟踪检查主要包括下列内容：（1）水土保持工作组织管理情况；（2）水土保持方案审批（含重大变更）情况、水土保持后续设计情况；（3）表土剥离、保存和利用情况；（4）取、弃土（包括渣、石、砂、矸石、尾矿等）场选址及防护情况；（5）水土保持措施落实情况；（6）水土保持监测、监理情况；（7）水土保持补偿费缴纳情况，等等。

3. 现场检查的程序

根据生产建设项目的情况，现场检查可以邀请生产建设单位主管部门（或者上级单位）和专家参加。跟踪检查单位开展现场检查，下级水行政主管部门可以作为检查组成员参加。

现场检查主要程序包括：（1）印发检查通知；（2）现场检查并查阅有关资料；（3）听取生产建设单位和其他参建单位情况介绍并问询；（4）填写检查情况表，检查人员和被检查单位的有关人员共同签字确认；（5）印发检查意见；（6）对有限期整改任务的，对整改情况进行复核。前面所称其他参建单位包括水土保持方案编制、设计、施工、监测、监理等单位。

根据需要，按照"四不两直"方式开展现场检查的，可调整和简化有关程序。"四不两直"是指"不发通知、不打招呼、不听汇报、不用陪同接待、直奔基层、直插现场"。跟踪检查单位应当在官网公开跟踪检查和整改落实情况，并将相关信息及时录入全国水土保持监督管理系统。

四、问题认定及处理

对跟踪检查中发现的水土保持问题，监督检查单位应当查阅相关资料和进行必要的检查，按照生产建设项目水土保持问题分类标准认定问题并确定责任单位及其应负的责任。此处的水土保持问题是指生产建设项目在水土保持方案编制和设计、弃渣堆置、措施落实、监测监理、设施验收等方面存在违法违规行为或者不符合标准规范问题。

监督检查单位对水土保持问题进行认定时，应当经责任单位确认。

生产建设单位和其他参建单位应当按照监督检查意见，按时完成问题整改，并向监督检查单位报送整改情况。对逾期未完成整改或者未及时报送整改情况的，依法查处，并进行责任追究。对责任单位的责任追究方式主要有：

（1）约谈。就责任单位的水土保持问题约谈责任单位负责人，限期纠正其违法违规行为。

（2）通报批评。就责任单位的水土保持问题在水利系统进行通报批评，并抄报其上级或者主管单位以及行业自律组织。

（3）重点监管。将出现水土保持问题的责任单位纳入重点监管名单，在水行政主管部门或者流域管理机构官网公开，督促责任单位落实水土保持责任。

（4）信用惩戒。按照有关规定，将责任单位的信用信息报送全国水利建设市场信用信息平台和"信用中国"网站。

根据水土保持问题的数量、类别等，监督检查单位对责任单位采取本条例第 28 条中的一项或者多项措施实施责任追究。

受到通报以上方式追责的责任单位，应当根据有关规定，采取警示性谈话、警告、解除劳动合同等方式，追究相关人员责任。

对责任单位隐瞒或者拒不整改水土保持问题的，按责任追究标准中同类问题最高问责方式予以从重追究。责任单位主动自查自纠问题的，可以予以减轻或者免于责任追究。

第二十九条【违法行为纳入相关的信用记录】

市、县级人民政府水行政主管部门应当建立水土保持信用记录工作制度，将单位和个人违反水土保持法律、法规行为的信息纳入社会信用体系。

【条文释义】

一、本条立法目的

为加强社会信用体系建设，深入推进"放管服"改革，进一步发挥信用在创新监管机制、提高监管能力和水平方面的基础性作用，更好地激发市场主体活力，按照依法依规、改革创新、协同共治的基本原则，以加强信用监管为着力点，创新监管理念、监管制度和监管方式，建立健全贯穿市场主体全生命周期，衔接事前、事中、事后全监管环节的新型监管机制，不断提升监管能力和水平，进一步规范市场秩序，优化营商环境，推动经济高质量发展。

国务院在 2019 年发布了《关于加快推进社会信用体系建设构建以信用为基础的新型监管机制的指导意见》，明确对市场主体加强事后环节信用监管。

要健全失信联合惩戒对象认定机制。有关部门依据在事前、事中监管环节获取并认定的失信记录，依法依规建立健全失信联合惩戒对象名单制度。以相关司法裁判、行政处罚、行政强制等处理结果为依据，按程序将涉及性质恶劣、情节严重、社会危害较大的违法失信行为的市场主体纳入失信联合惩戒对象名单。加快完善相关管理办法，明确认定依据、标准、程序、异议申诉和退出机制。制定管理办法要充分征求社会公众意见，出台的标准及其具体认定程序以适当方式向社会公开。支持有关部门根据监管需要建立重点关注对象名单制度，对存在失信行为但严重程度尚未达到失信联合惩戒对象认定标准的市场主体，可实施与其失信程度相对应的严格监管措施。

督促失信市场主体限期整改。失信市场主体应当在规定期限内认真整改，整改不到位的，按照"谁认定、谁约谈"的原则，由认定部门依法依规启动提示约谈或警示约谈程序，督促失信市场主体履行相关义务、消除不良影响。约谈记录记入失信市场主体信用记录，统一归集后纳入全国信用信息共享平台。大力推进重点领域失信问题专项治理，采取有力有效措施加快推进整改。

深入开展失信联合惩戒。加快构建跨地区、跨行业、跨领域的失信联合惩戒机制，从根本上解决失信行为反复出现、易地出现的问题。依法依规建立联合惩戒措施清单，动态更新并向社会公开，形成行政性、市场性和行业性等惩戒措施多管齐下，社会力量广泛参与的失信联合惩戒大格局。重点实施惩戒力度大、监管效果好的失信惩戒措施，包括依法依规限制失信联合惩戒对象股票发行、招标投标、申请财政性资金项目、享受税收优惠等行政性惩戒措施，限制获得授信、乘坐飞机、乘坐高等级列车和席次等市场性惩戒措施，以及通报批评、公开谴责等行业性惩戒措施。

坚决依法依规实施市场和行业禁入措施。以食品药品、生态环境、工程质量、安全生产、养老托幼、城市运行安全等与人民群众生命财产安全直接相关的领域为重点，实施严格监管，加大惩戒力度。对拒不履行司法裁判或行政处罚决定、屡犯不改、造成重大损失的市场主体及其相关责任人，坚决依法依规在一定期限内实施市场和行业禁入措施，直至永远逐出市场。

依法追究违法失信责任。建立健全责任追究机制，对列入失信联合惩戒对象名单的市场主体，依法依规对其法定代表人或主要负责人、实际控制人进行失信惩戒，并将相关失信行为记入其个人信用记录。机关事业单位、国有企业出现违法失信行为的，要通报上级主管单位和审计部门；工作人员出现违法失信行为的，要通报所在单位及相关纪检监察、组织人事部门。

探索建立信用修复机制。失信市场主体在规定期限内纠正失信行为、消除不良影响的，可通过作出信用承诺、完成信用整改、通过信用核查、接受专题培训、提交信用报告、参加公益慈善活动等方式开展信用修复。修复完成后，各地区、各部门要按程序及时停止公示其失信记录，终止实施联合惩戒措施。加快建立完善协同联动、一网通办机制，为失信市场主体提供高效便捷的信用修复服务。鼓励符合条件的第三方信用服务机构向失信市场主体提供信用报告、信用管理咨询等服务。

为此要充分发挥全国信用信息共享平台和"互联网＋监管"系统信息归集共享作用，对政府部门信用信息做到"应归尽归"，推进地方信用信息平台、行业信用信息系统互联互通，畅通政企数据流通机制，形成全面覆盖各地区、各部门、各类市场主体的信用信息"一张网"。依托全国信用信息共享平台和国家"互联网＋监管"系统，将市场主体基础信息、执法监管和处置信息、失信联合惩戒信息等与相关部门业务系统按需共享，在信用监管等过程中加以应用,支撑形成数据同步、措施统一、标准一致的信用监管协同机制。

在行政许可、行政处罚信息集中公示基础上,依托"信用中国"网站、中国政府网或其他渠道,进一步研究推动行政强制、行政确认、行政征收、行政给付、行政裁决、行政补偿、行政奖励和行政监督检查等其他行政行为信息7个工作日内上网公开,推动在司法裁判和执行活动中应当公开的失信被执行人、虚假诉讼失信人相关信息通过适当渠道公开,做到"应公开、尽公开"。

依托国家"互联网+监管"等系统,有效整合公共信用信息、市场信用信息、投诉举报信息和互联网及第三方相关信息,充分运用大数据、人工智能等新一代信息技术,实现信用监管数据可比对、过程可追溯、问题可监测。鼓励各地区、各部门结合实际,依法依规与大数据机构合作开发信用信息,及时动态掌握市场主体经营情况及规律特征。充分利用国家"互联网+监管"等系统建立风险预判预警机制,及早发现防范苗头性和跨行业、跨区域风险。运用大数据主动发现和识别违法违规线索,有效防范危害公共利益和群众生命财产安全的违法违规行为。鼓励通过物联网、视联网等非接触式监管方式提升执法监管效率,实现监管规范化、精准化、智能化,减少人为因素,实现公正监管,杜绝随意检查、多头监管等问题,实现"进一次门、查多项事",减少对监管对象的扰动。

二、水利市场信用体系构建

为贯彻《社会信用体系建设规划纲要(2014—2020年)》《国务院办公厅关于加快推进社会信用体系建设构建以信用为基础的新型监管机制的指导意见》等文件精神,建立健全以信用为基础的新型水利建设市场监管体制机制,2019年水利部在《水利建设市场主体信用信息管理暂行办法》和《水利建设市场主体不良行为记录公告暂行办法》的基础上制定了《水利建设市场主体信用信息管理办法》，该办法所称的水利建设市场主体包括参与水利建设活动和生产建设项目水土保持活动的建设、勘察、设计、施工、监理、咨询、招标代理、质量检测、机械制造等单位和相关人员。

（一）管理体制

水利建设市场主体信用信息实行统一管理、分级负责。国务院水行政主管部门负责水利建设市场主体信用信息工作的指导和监督管理，组织制定全国统一的水利建设市场主体信用信息管理制度和标准；负责指导建立水利建设市场主体的信用档案；建立和完善全国水利建设市场监管服务平台，并向"信用中国"等网站推送信用信息。

流域管理机构依据国务院水行政主管部门的授权，承担水利建设市场主体信用信息监督管理工作。

省级行政主管部门依照管理权限负责管辖范围内水利建设市场主体信用信息的管理和应用，组织制定水利建设市场主体信用信息管理制度和标准的配套实施办法，建立和完善升级水利建设市场监管服务平台，并实现与全国水利建设市场监管服务平台的系统对接和数据同步。

市、县级水行政主管部门按照统一的信用信息管理制度和标准，依照管理权限负责其管辖范围内水利建设市场主体信用信息的管理和应用，并及时向上级水行政主管部门报送信用信息。

（二）信用信息的采集、认定、共享

1. 信用信息的内涵

信用信息是指水利建设市场主体在水利建设活动和生产建设项目水土保持活动中形成的能够反映其信用状况的记录和资料。

第四章 监测和监督

2. 信用信息的类型以及采集、认定、共享

水利建设市场主体信用信息分为基本信息、良好行为记录信息和不良行为记录信息三种类型。

(1) 基本信息和良好行为记录信息。基本信息反映水利建设市场主体基本情况的客观性信息，主要是注册登记信息、资质信息、人员信息、业绩信息等。良好行为记录信息是指对水利建设市场主体信用状况判断产生积极影响的信息，主要指水利建设市场主体模范遵守有关法律、法规、规章或强制性标准、行为规范，自觉维护水利建设市场秩序，业绩突出，受到县级以上人民政府、各级水行政主管部门或者发展改革、财政、住房和城乡建设、人力资源社会保障、市场监管、安全监管等部门，以及有关社会团体的奖励和表彰等。水利建设市场主体应依法依规在全国水利建设市场监管服务平台填报基本信息和良好行为记录信息，并对信息真实性、及时性负责，全国水利建设市场监管服务平台将基本信息和良好行为记录信息同步推送至省级水利建设市场监管平台。

(2) 不良行为记录信息。这类信息是指对水利建设市场主体信用状况判断产生负面影响的信息。主要指水利建设市场主体违反有关法律、法规、规章、政策、技术标准、设计文件、合同等相关规定，受到县级以上人民政府、各级水行政主管部门或者发展改革、财政、住房和城乡建设、人力资源、市场监管、安全监管等部门的责任追究（如责令整改、约谈、停工整改、通报批评等）、行政处罚（警告、罚款、没收违法所得、没收非法财物等）和司法判决等。

不良行为记录信息根据不良行为的性质及社会危害程度分为一般不良、较重不良和严重不良行为记录信息三种。一般不良行为记录信息是指水利建设市场主体有关部门作出的责任追究，主要包括

责令整改、约谈、停工整改、通报批评和建议解除合同等。

较重不良行为记录信息是指水利建设市场主体发生了对人民群众身体健康、生命安全和工程质量危害较大、对市场公平竞争秩序和社会正常秩序破坏较大、拒不履行法定义务，对司法机关、行政机关公信力影响较大的不良行为，被前述有关机关和部门行政处罚。

严重不良行为记录信息是指水利建设市场发生了严重危害人民群众身体健康、生命安全和工程质量、严重破坏市场公平竞争秩序和社会正常秩序、拒不履行法定义务，严重影响司法机关、行政机关公信力的不良行为，被前述有关机关或部门予以行政处罚和司法判决，其中行政处罚主要包括责令停产停业（含停业整顿）、暂扣许可证或执照、吊销许可证、执照或资质证书（含降低资质等级等）。

对不良行为记录信息的认定单位是对水利建设市场主体不良行为作出责任追究、行政处罚或司法判决的单位。认定单位是县级以上地方水行政主管部门的，该不良行为记录信息应自作出认定之日起7个工作日内，由认定单位逐级报送至全国水利建设市场监管服务平台；认定单位非水行政主管部门的，该不良行为记录信息由同级水行政主管部门负责采集，并逐级报送至全国水利建设市场监管服务平台；水利部有关司局和流域管理机构认定的不良行为记录信息，可直接在全国水利建设市场监管服务平台录入，通报批评及以上的不良行为记录信息应及时公开。全国水利建设市场监管服务平台将应公开的不良行为记录信息同步推送至省级水利建设市场监管服务平台和"信用中国"等网站。

（三）信息公开

1.以公开为原则，不公开为例外

水利建设市场主体信用信息原则上应予以公开，但是信息公开不得危害国家安全、公共安全、经济安全和社会稳定，不得泄露国家秘密、工作秘密、商业秘密和个人隐私。但是责令整改、约谈、停工整改的不良行为记录信息可不予公开。

2. 公开信息的范围

良好行为信息公开的基本内容有单位名称、良好行为、级别、认定时间和认定单位等。不良行为信息公开的基本内容有单位名称、违法（违规）行为、处理依据、处理决定、处理时间和处理机关等。被公开的水利建设市场主体，对其法定代表人、主要负责人和实际控制人进行的责任追究、行政处罚和司法判决等一并进行公开。

3. 公开期限

基本信息长期公开。良好行为信息公开期限为1年；一般不良行为信息公开期限为1年，较重不良行为信息公开期限为1~2年，严重不良行为信息公开期限为1~3年。公开期限内再次出现不良行为信息的，根据出现不良行为信息的严重程度及频次，公开期限延长1~3年，法律、法规另有规定的从其规定。公开期满后，不良行为信息转入后台长期保存，确保信息可查、可核、可溯。行政处理在申诉、复议或者诉讼期间内，不停止对不良行为信息的公开，但申诉处理机关、行政复议机关或者人民法院决定停止执行的除外。

4. 不良行为信息的变更或撤销

公开的不良行为记录信息认定依据发生变更或撤销的，原不良行为记录信息认定或采集单位应自不良行为记录信息变更或撤销之日起7个工作日内，将变更或撤销情况逐级报送至全国水利建设市场监管服务平台。全国水利建设市场监管服务平台应及时调整或取消相关公开信息。

(四) 不良行为记录量化计分

不良行为记录量化计分是为了对各类单位和个人主体的不良行为进行公式化、数字化的规范与约束。量化计分应当首先确定其基础分值，再根据其在有关水土保持方面的行为进行量化计分，实行动态调整机制。通过量化计分的方式，对单位和个人的不良行为进行记录并评分，以便实现不良行为信息的调整与撤销、建立不良行为记录及水利市场信用体系的管理建设。对不良行为量化扣分原则上每年定期开展一次。对各类市场主体的不良行为量化扣分，通报批评及以上的不良行为记录信息应列入量化范围。

不良行为主要包括：受到行政处罚、受到责任追究、法院判决认定单位犯罪、参与水利工程建设活动中弄虚作假等。对行政处罚、责任追究及司法判决三个类型的处理，按照不良行为的严重程度进行不同程度的扣分。同一不良行为同时受到2类及以上行政处理的，按最重的行政处理进行量化计分。在每年定期开展的不良行为量化扣分过程中，其中发布公告的不良行为记录量化分值应及时调整。对于调整后不良行为记录量化分值到一定程度的，可直接在全国水利建设市场监管服务平台录入，责令整改、约谈、停工整改、通报批评和建议解除合同。

(五) "重点关注名单"和"黑名单"管理

"重点关注名单"与"黑名单"制度的建立是为发挥信用监管在水土保持监管中的作用，督促生产建设项目水土保持市场主体依法依规履行法定义务，切实防治人为水土流失。并且，在信用信息应用过程中，对"重点关注名单"和"黑名单"的管理还涉及应用的失信惩罚内容。

在"重点关注名单"和"黑名单"的认定上，由各级水行政主管部门和流域管理机构按照"谁监管、谁负责认定"的原则。认定的展开应当根据在方案审批、跟踪检查、验收核查、举报线索处理等过程中发现的违法违规问题,以及实施的水土保持行政强制和作出的行政处罚决定,确定拟列入"重点关注名单"和"黑名单"的市场主体名单。针对同一项目同类问题,按照不重复认定原则处理。告知方式可以是书面告知,也可以是通过电子方式告知。并且,在对拟列入"重点关注名单"和"黑名单"的相关主体,认定部门在告知时应当一次性告知相关告知信息,并听取相对陈述申辩。告知信息应当包括列入问题情形、列入依据、列入部门以及依法享有的权利等。相对人有异议的,应当7个工作日内向认定部门提交书面申辩意见及相关材料;认定部门应当组织复核,申辩理由不成立或者逾期未提出申辩的,应当作出列入决定并予以公告。

在报送与公开上,一经发现存在"重点关注名单"和"黑名单"应及时认定,并在认定后逐级报送。例如,市、县级认定的"重点关注名单"和"黑名单"应当及时逐级报送至省,由省级水行政主管部门统一报送至水利部,同时在监管服务平台信息公开。在认定之后,应当同步向同级政府信用网站推送。对于"重点关注名单"和"黑名单"的公开期限,均为1年,期限自信息公开之日起计算,公开期满后自动退出"重点关注名单"和"黑名单"。对于期限届满自动退出"重点关注名单"和"黑名单"的,主管机关应当注意及时更新信息。在"重点关注名单"和"黑名单"公开期限内市场主体再次发生列入的,公开期限延长2年。单位或个人对被列入"重点关注名单"和"黑名单"进行申诉、复议或诉讼的,申诉、复议或诉讼期间不停止对"两单"信息的公开;申诉处理机关、行政复议机关或者人民法院决定停止执行的除外。

(六) 信用信息应用

《水利建设市场主体信用信息管理办法》第32条规定,县级以上水行政主管部门和有关单位及社会团体应依据国家有关法律、法规和规章，按照守信激励和失信惩戒的原则，建立健全信用奖惩机制，在行政许可、市场准入、招标投标、资质管理、工程担保与保险、表彰评优、信用评价等工作中，积极应用信用信息。对水土保持的信用信息的应用，主要分为守信激励和失信惩罚两个方面。

一是守信激励的信用信息应用。在行政许可、市场准入、招标投标、资质管理、工程担保与保险、表彰评优、信用评价等工作中，对于守信的单位和个人，应当积极应用信用信息对其进行激励或奖励。例如，参照《水利建设市场主体信用信息管理办法》的规定，在资质管理中，可提供"绿色通道"、告知承诺等便利服务；在日常监管中，可简化监管事项，适度减少检查频次；在评比表彰中，可优先考虑，可设置加分项；在各级监管平台和政府网站信息发布工作中，可树立诚信典型，并大力推介。

二是失信惩罚的信用信息应用。对失信惩戒的信用信息应用，主要集中于"重点关注名单"和"黑名单"的单位和个人。通过对信用信息规范使用并在行政机关内部组织协调，对失信的单位和个人进行惩罚。对于被列入"重点关注名单"和"黑名单"的单位和个人，可以依法限制其在水土保持区域内的行政审批，对其在山区和丘陵区的山地林果开发、矿产开采和交通工程建设等行为明确限制。对列入"黑名单"的市场主体在公开期限内按照联合惩戒备忘录，实施失信联合惩戒；对其从事水土保持活动的，同时可采取以下措施：（1）不得向该市场主体购买服务。（2）列为重点监管对象，实施重点监管。（3）纳入水土保持设施验收现场核查范围。（4）限制参加生产建设项目水土保持示范工程评选。（5）限制享受水土保持财政资金补助等政府优惠政策。列入"两单"的市场主体涉及水土保持违法违规问题的，有关水行政主管部门应当依法从重作出行政处罚。

在进行信用信息的应用过程中，应当注意信息处理的规范性。例如，部分信用信息可能涉及国家秘密、商业秘密和个人隐私，应制定信用信息处理规范，加强信用信息在"放管服"工作中的全流程管理。尤其是在政府部门之间进行信用信息共享过程中，必须特别注重依法保护信息安全、国家秘密、商业秘密，依法规范个人信息处理活动，保护个人隐私和个人信息安全，促进信用信息合法利用。

第五章　法律责任

本章共 8 条，是对违反条例规定的行为所承担的法律责任规定。主要包括监督管理权的部门及其工作人员、违规新种植经济林及未能履行承诺的水土流失防治责任，以及生产建设单位未开展方案设计、未开展或报告水土流失监测等。

第三十条【对行政机关工作人员的处分】

水行政主管部门或者其他依照本法规定行使监督管理权的部门及其工作人员违反本条例规定，有下列行为之一的，对直接负责的主管人员和其他直接责任人员依法给予处分：

（一）不依法作出行政许可决定或者办理批准文件的；

（二）发现违法行为或者接到对违法行为的举报不予查处的；

（三）其他未依照本条例规定履行职责的。

【条文释义】

一、明确处罚对象

本条款所规定的违法主体，将处罚对象明确为水行政主管部门或者其他依照本法规定行使监督管理权的部门及其工作人员。主要是考虑作出行政许可决定或者办理批准文件的、发现违法行为或者接到对违法行为的举报不予查处的部门及其工作人员范围分布广泛。依据本条例第 4 条规定，在水土保持工作方面，除了水行政主管部门，还涉及发展改革、工业和信息化、财政、审计、农业农村、林业、自然资源、生态环境、交通运输、住房和城乡建设、气象等有关部门及其工作人员。同时，为了落实"放管服"改革的要求，本条例规定了一系列减少审批环节、减少企业负担的措施。为了实现行政审批与行政许可规范化，对于有监督管理权的部门及其工作人员不依法作出行政许可决定或者办理批准文件的，对其直接负责的主管人员和其他直接责任人员应当依法给予处分。这一规定主要是考虑到本条例减少了一系列审批环节，但依然可能存在"审批难"，因此将相应的工作人员及责任人员纳入本条适用范围。

二、关于发现违法行为或者接到对违法行为的举报不予查处的

依法及时查处对违法行为的发现和举报，是优化水土保持工作的必由之路。在赣州市水土保持工作中，还存在以下问题和挑战：坡地种植经济作物、山地养殖、经果林和生态旅游开发等活动加快，存在陡坡开发、梯田修筑不规范、林分结构不合理和管理不科学等问题，特别是修路、开矿等开发建设中乱采滥挖、乱弃土石、沙料等不合理的经济活动，以及在治理过程中存在轻预防、重治理等思维模式，导致产生严重水土流失。赣州全市因钨、稀土矿山开采，损毁土地达14.55万亩。目前，建设用地水土流失面积占总水土流失面积比例排第四，但其强烈及以上水土流失面积占比排第一，其中采矿用地中度以上水土流失面积占建设用地的98.5%。对于在各类经济林种植、矿产开发及生产建设项目中的违法行为，因为对此类违法行为的处理、查处不及时，导致水土流失的危害和后果难以控制。因此，行政机关及其人员的全过程监管体系有待完善，监管能力和手段有待提高。对于各类可能导致水土流失的违法违规行为的查处力度也有待加大，监管政策制度有待细化和完善。发现违法行为或者接到对违法行为的举报是对这些类型的水土流失违法行为处置的主要途径。例如，本条例在前款规定了村委会等在水土保持中的检举义务，对于相关村委会或村民的检举揭发应当有所行动。对具体的违法行为应当及时查处，防止已经发现的违法行为继续，防止因违法行为造成水土流失的无序化和扩大化。对于这些问题，负有相关责任的行政机关及其工作人员是第一义务人，应当履行其义务与行政职能，对违法行为展开制止或对违法行为的举报进行查处。在查处后发现属实的，依据有关规定或者本条例规定对违法行为予以处罚或责令整改。

水土保持工作涉及多个部门职责，水土保持防控中的主要问题是对违法行为不作为或处置不及时。对于经济作物种植、矿产开发、开发建设中的违法行为现象，有监督管理权的部门应当及时予以整治，对相关举报予以查处。故而，本条例规定有监督管理权的部门应当及时予以整治却未能予以整治的，应对直接负责的主管人员和其他直接责任人员依法给予处分。

第三十一条【违反第九条第一款的罚则】

违反本条例第九条第一款规定新种植脐橙、油茶等经济林的，由市、县级人民政府水行政主管部门责令停止违法行为，采取退耕、恢复植被等补救措施；按照违法开垦或者种植面积，可以对个人处每平方米二元以下的罚款、对单位处每平方米十元以下的罚款。

【条文释义】

一、关于本条款处罚的行为范围

本条例第9条规定任何单位和个人不得在下列区域新开垦种植脐橙、油茶等经济林：县级以上人民政府划定的崩塌、滑坡危险区和泥石流易发区；小型以上水库周边、赣江及其二级以上支流和东江及其一级支流两岸山坡的水土流失严重、生态脆弱区域；铁路、高速公路、国道、省道沿线两侧山坡的水土流失严重、生态脆弱区域；其他水土流失严重、生态脆弱的区域。作为赣南地区的主要经济作物，脐橙、油茶是赣南农民增收的重要方式之一。但是，如果新开垦种植脐橙、油茶等经济林，必然会带来取土、废弃渣等地表生态变化，造成地表结构破坏、植被毁坏等情况，很容易造成水土流失。根据本条例第9条规定：上述行为禁止的区域包括以下两种：（1）县级以上人民政府确定崩塌、滑坡危险区和泥石流易发区。崩塌、滑坡、泥石流属于混合侵蚀，是重力、水力等应力共同作用的水土流失形式，具有突发性、历时短、危害严重等特点。需要注意的是，本条例明确禁止的区域必须经过县级以上人民政府划定，否则不构成违法行为。根据《江西省地质灾害防治条例》第20条规定，县级人民政府应当对出现地质灾害前兆、可能造成人员伤亡或者重大财产损失的区域、地段，及时划定为地质灾害危险区，并实行预警管理制度。一般地质灾害危险区，由县级人民政府国土资源主管部门提出，报本级人民政府批准，并予以公告。（2）水土流失严重、生态脆弱的地区。水土流失严重地区是指水土流失面积较大、强度较高、危害较重的区域。生态脆弱区，是指两种不同类型的生态系统的交界过渡区域。在这两种区域种植经济林，不仅会破坏原本的生态环境平衡，也会对水土保持造成较大的危害。

需要注意的是，由于法不溯及既往，对于本条例生效前所发生的种植经济林的行为，不属于本条例处罚的对象。

二、关于本条款所确认的补救措施及处罚措施

对于在本条例第9条所列举的保护区域内种植经济林的行为，本条款所确定的法律责任是采取补救措施并处以罚款。本条例意在

对第 9 条规定的行为模式确定法律后果。依据本条款规定：由市、县级人民政府水行政主管部门责令停止违法行为，采取退耕、恢复植被等补救措施；按照违法开垦或者种植面积，可以对个人处每平方米二元以下的罚款、对单位处每平方米十元以下的罚款。《中华人民共和国土地管理法》第 37 条规定：非农业建设必须节约使用土地，可以利用荒地的，不得占用耕地；可以利用劣地的，不得占用好地。禁止占用耕地建窑、建坟或者擅自在耕地上建房、挖砂、采石、采矿、取土等。禁止占用永久基本农田发展林果业和挖塘养鱼。对于在种植经济林过程中所占用的农田，采取退耕；对于经济林种植所造成的植被破坏，采取植被恢复的措施。

如果经由市、县级人民政府水行政主管部门责令停止违法行为，相对人怠于履行或拒不履行采取退耕、恢复植被等补救措施，水行政主管部门还可采取代履行的措施，所产生的费用由违法行为人承担。

对于本条款所确定的罚款数额，属于《水土保持法》第 49 条规定的：按照开垦或者开发面积，可以对个人处每平方米二元以下的罚款、对单位处每平方米十元以下的罚款。考虑经济作物往往占地面积较广，且易于恢复植被与地表样态、危害性一般，对于经济林的处罚采用按面积计算的方法。由于地方性法规的法律效力位阶低于法律，根据《中华人民共和国立法法》确立的下位法不得超出上位法所规定的范围，因此，在罚款数额上，本条例与《水土保持法》基本保持一致。

第三十二条【代为治理】

违反本条例规定，有下列情形之一的，由市、县级人民政府水行政主管部门责令限期治理；逾期仍不治理的，可以指定有治理能

第五章 法律责任

力的单位代为治理，所需费用由违法行为人承担。

（一）开发区内的生产建设单位未履行第十五条规定的水土流失防治责任和义务，造成水土流失，不进行治理的；

（二）开办、从事矿产资源开发、交通工程建设等生产建设项目或者生产建设活动，造成水土流失，不进行治理的。

【条文释义】

依据本条款规定，对行为进行责任追究的主体是市、县级人民政府水行政主管部门。对于责任追究的事由，可以分为以下两个方面：

一、关于第 15 条规定的水土流失防治责任和义务

本条例第 15 条规定：各类开发区建设实行水土保持区域评估制度。开发区管理机构在通水、通电、通路、通讯、通气、平整土地之前应当编制水土保持区域评估报告，报批准设立开发区的同级人民政府水行政主管部门审批。开发区内的生产建设项目水土保持方案实行承诺制或者备案制管理。其中，在承诺的内容上，生产建设单位办理水土保持方案审批手续时，应当对以下内容作出书面承诺。

（1）已经知晓并将认真履行水土保持各项法定义务。

（2）所填写的信息真实、完整、准确；所提交的水土保持方案符合相关法律法规、技术标准的要求。

（3）严格执行水土保持"三同时"制度，按照所提交的水土保持方案，落实各项水土保持措施，有效防治项目建设中的水土流失；项目投产使用前完成水土保持设施自主验收并报备。

（4）依法依规按时足额缴纳水土保持补偿费。

（5）积极配合水土保持监督检查。

（6）愿意承担作出不实承诺或者未履行承诺的法律责任和失信责任。

实施水土保持承诺制管理的生产建设项目包括：（1）编制水土保持方案报告表的生产建设项目。（2）已实施水土保持区域评估范围内的生产建设项目。（3）法律法规规定实行承诺制管理的其他生产建设项目。

水土保持方案在报批前，生产建设单位应当通过其网站、生产建设项目所在地公共媒体网站或者相关政府网站向社会公开拟报批的水土保持方案全文，且持续公开期限不得少于10个工作日。生产建设单位应当在项目开工建设前，向具有相应审批权限的水行政主管部门（或者地方人民政府确定的其他水土保持方案审批部门）提交申请材料。申请材料包括水土保持行政许可承诺书和水土保持方案。生产建设单位取得水土保持方案准予许可决定后，生产建设项目方可开工建设。建设期间，生产建设单位应当在项目现场建设管理的场所公开水土保持行政许可承诺书，并严格落实各项水土流失防治措施。

本条款规定的处罚对象之一是开发区内的生产建设单位未履行规定的水土流失防治责任和义务，造成水土流失，不进行治理的。即水土保持方案的内容及承诺失真，主要包括以下几个方面：（1）未能履行水土保持各项法定义务。（2）所填写的信息不真实、不完整、不准确；所提交的水土保持方案不符合相关法律法规、技术标准的要求。（3）未能严格执行水土保持"三同时"制度，未能按照所提交的水土保持方案，落实各项水土保持措施，导致难以有效防治项目建设中的水土流失。需要注意的是，即使是开发区内的生产建设单位履行规定的水土流失防治责任和义务，也有可能因人为因素或自然因素造成水土流失。因此，本条例规定：由市、县级人民政府水行政主管部门责令限期治理；逾期仍不治理的，可以指定有治理能力的单位代为治理，所需费用由违法行为人承担。这其中规定的指定代为治理，实际上是代履行的表现形式。代履行是指义务人逾期不履行行政法义务，由他人代为履行可以达到相同目的的，行政机关可以自己代为履行或者委托第三人代为履行，向义务人征收代履行费用的强制执行制度。代履行主要适用于该行政法义务属于可以由他人代替履行的作为义务，例如，排除障碍、恢复原状、强制拆除等行为。对于开发区内的生产建设单位未履行规定的水土流失防治责任和义务，造成水土流失，不进行治理的，基于水土流失治理的紧迫性和及时性，水行政主管部门可以指定有能力的单位代为治理。

二、关于开办、从事矿产资源开发、交通工程建设等生产建设项目或者生产建设活动

本条例第13条规定：在山区、丘陵区、风沙区以及水土保持规划确定的容易发生水土流失的其他区域，开办可能造成水土流失的生产建设项目，生产建设单位应当依法编制水土保持方案，并报县级以上人民政府水行政主管部门审批。一方面，要以高标准建设水土保持示范工程为目标，细化完善水土保持工程建设管理制度，在工程建设项目和工程建设活动中审核规划编制执行情况及水土保持方案的具体落实。另一方面，对于要开办、从事矿产资源开发、交通工程建设等生产建设项目或者生产建设活动，建立多元化、多渠道的水土保持维持投入机制。需要注意的是，即使是开发区内的生产建设单位履行第15条规定的水土流失防治责任和义务，也有可能因人为因素或自然因素造成水土流失。本条第2款即是对于开办、从事矿产资源开发、交通工程建设等生产建设项目或者生产建设活动，可以更为具体的要求整改。在具体的整改措施中，首先是

要求生产建设项目或生产建设活动依法科学确定交通工程建设线路，尽量避开崩塌、滑坡危险区和泥石流易发区，尽量避开水库、电站等大中型水利水电工程和其他文物、自然保护区。尽量减少对原有水土保持设施的破坏，对于生产建设中无法避开和恢复原状的，要采取相应的水土流失防护措施。在铁路、公路两侧地界以内的山坡地，必须修建护坡或其他整地措施，工程竣工后，取土场、开挖面和废弃的砂石土存放地的裸露土地，必须植树种草，防治水土流失。对施工便道、生活区和构件加工厂等临时工程也要采取相应的水土流失防治措施。

由于矿产资源开发和交通工程建设涉及对地质结构及地表植被的大范围变更、损毁，因此对开办、从事、矿产资源开发、交通工程建设，本条例在第13条、第14条、第15条分别规定了交通工程建设的注意事项、编制规划以及生产建设项目水土保持方案。因此，在开办、从事矿产资源开发、交通工程建设等生产建设项目或者生产建设活动中进行水土保持是相关单位和个人的法定义务。本条款的目的意在表明：在生产建设项目或生产建设活动中进行水土保持是法定义务，造成水土流失的生产建设项目和生产建设活动必须对相应的水土流失负责。对于这些项目进行过程中造成的水土流失，水行政主管部门及相关部门应责令整改。对于责令整改后履行不及时的，可以请求相关单位代为履行，由相对人承担代履行费用。

第三十三条【水土流失代为处理】

生产建设项目停建、缓建或者停工、停产，造成水土流失，不进行治理的，由市、县级人民政府水行政主管部门责令限期整改；逾期不整改的，水行政主管部门可以指定有处理能力的单位代为处理，所需费用由违法行为人承担。

第五章 法律责任

【条文释义】

本条例第 2 章 "规划和预防" 第 17 条规定：生产建设项目停建、缓建或者停工、停产的，生产建设单位应当对可能造成水土流失的裸露面、废弃的土、石、渣等采取覆盖、拦挡、坡面防护、防洪排导等水土保持措施，消除水土流失隐患或者危害。生产建设项目及生产建设活动，必然会对周边环境及植被造成影响。即使是生产建设项目和生产建设活动的停建、缓建或者停工、停产，也有可能造成水土流失。

事实层面上，基于生产建设项目和生产建设活动中 "三同时" 等要求，可能对 "生产建设项目停建、缓建或者停工、停产" 产生一定程度的误解。同时施工是指水土保持设施应当与主体工程建设同步建设实施。水土保持措施不能滞后于主体工程，应当与主体工程建设基本同步，以达到防治水土流失的效果；水土保持设施施工的时效性强，生产项目在施工过程中，如果不及时采取措施，就可能导致严重水土流失，开挖面、弃渣场等还可能引发崩塌、滑坡、泥石流等灾害，危及人民生命财产安全。同时施工是确保水土保持设施及时、有效发挥作用，建设过程中的水土流失得到有效防治，水土流失危害得到有效控制的必要手段。但是，对于同时施工的不当理解，可能造成在停建、缓建或者停工、停产时，相应的水土保持措施同时停工或停止维护，使其水土保持效果丧失。

规范层面上，本条款的规定，旨在规范 "生产建设项目停建、缓建或者停工、停产" 时的建设工程项目和建设工程行为。根据本条例第 3 条确定的 "坚持谁开发利用水土资源谁负责保护、谁造成水土流失谁负责治理的原则"，生产建设项目停建、缓建或者停工、停产时的水土资源保护也应当由生产建设项目单位负责保护、负责治理。本条款所规定的 "逾期不整改的，水行政主管部门可以指定有处理能力的单位代为处理",实际上是对生产建设项目单位拒绝或怠于履行法定义务时,其怠于履行的行为可能造成紧迫的水土流失危险。因此,本条例规定了第三方代为履行的方式,用于实现生产建设项目停建、缓建或者停工、停产期间的水土流失。基于此,对于保护和治理水土流失而代履行产生的费用,也应当一并由生产建设项目的单位承担费用。

第三十四条【生产建设单位违反相关规定罚则】

违反本条例规定,生产建设单位有下列行为之一的,由市、县级人民政府水行政主管部门按照以下规定予以处罚:

(一)未开展水土保持方案后续设计或者未将其纳入工程主体设计和预算的,责令限期改正;逾期不改正的,处二万元以上十万元以下的罚款。

(二)水土保持设施建设未纳入生产建设项目招投标和施工合同的,责令限期改正;逾期不改正的,处二万元以上十万元以下的罚款。

(三)未按规定开展水土流失监测、水土保持工程施工监理的,责令限期改正;逾期不改正的,处一万元以上五万元以下的罚款。

(四)未按照规定报告水土流失监测情况的,责令限期改正;逾期不改正的,处二千元以上五千元以下的罚款。

【条文释义】

本条是对生产建设单位违反本条例规定的行政处罚。

一、违法行为

本条行政处罚分别对应本条例第 16 条、第 25 条、第 26 条的规定。

第五章　法律责任

第16条第2款规定，生产建设单位编制的水土保持方案经批准后，应当开展水土保持方案后续设计，并将其纳入工程主体设计和预算；水土保持设施建设应当纳入生产建设项目招投标和施工合同；生产建设项目竣工验收，应当验收水土保持设施，分期建设、分期投产使用的，其水土保持设施应当分期验收，未经验收或者验收不合格的，生产建设项目不得投产使用。在《水利部关于进一步深化"放管服"改革全面加强水土保持监管的意见》中提出：坚持问题导向，以完善政策机制为重点，以严格责任追究为抓手，充分运用高新技术手段，构建系统完善、权责明晰、科学规范、运行高效的监管体系，全面履行水土保持监督管理法定职责。这一规定是对建设工程项目水土保持的时候监管。为了持续深化"放管服"改革，坚持放管结合、并重，把更多行政资源从事前审批转到加强事中事后监管上来，加快构建权责明确、公平公正、公开透明、简约高效的事中事后监管体系，形成市场自律、政府监管、社会监督互为支撑的协同监管格局。据此，对于未能开展水土保持方案后续设计或未将其纳入工程主体设计和预算的活动，均应当被水行政主管部门限期改正；否则，就应当被罚款。

并且，第16条还规定，水土保持设施建设应当纳入生产建设项目招投标和施工合同。将水土保持设施建设作为法定义务纳入项目招投标和施工合同，是为了夯实水土保持设施建设作为合同义务。要求水土保持设施应当纳入生产建设项目招投标和施工合同，以切实确保水土保持设施的设计与建设，充分发挥水土保持设施的效用和功能。

第25条规定，对可能造成严重水土流失的大中型生产建设项目，生产建设单位应当自行或者委托具备水土保持监测资质的机构开展水土流失监测；项目建设期间，生产建设单位应当在每季度的第一个月，向批准水土保持方案的同级水行政主管部门报送上季度的监测报告；监测任务完成后三个月内，报送监测总结报告。对于生产建设单位未按规定开展水土流失监测、水土保持工程施工监理的，将无法准确掌握水土流失情况和防治效果。据此，对于未按规定开展水土流失监测、水土保持工程施工监理的，由水行政主管部门责令限期改正；逾期不改正的，由水行政主管部门对生产建设单位处一万元以上五万元以下的罚款。

二、法律后果

水行政主管部门作为赣州市的水土保持监督管理机关，依法对生产建设单位的水土保持方案后续设计、水土保持设施建设、水土流失监测、水土保持工程施工监理、水土流失监测情况进行监督、管理和检查。因此，按照本条规定，由水行政主管部门负责追究本条规定的行政责任，行使本条规定的行政处罚。其他任何部门和单位无权实施本条款规定的行政处罚。水行政主管部门在执行本条例的过程中，发现生产建设部门存在本条款规定违法情形的，根据实际情形进行以下处理：

责令限期改正。即在水行政主管部门的执法过程中，发现生产建设单位的水土保持方案后续设计、水土保持设施建设、水土流失监测、水土保持工程施工监理、水土流失监测情况进行监督、管理和检查确实存在违法情形的，应当责令其限期改正。此外，由于生产建设单位的水土保持方案后续设计、水土保持设施建设、水土流失监测、水土保持工程施工监理、水土流失监测情况都是法定义务，责令限期改正并未增加新的义务。责令限期改正具有一定的强制性、教育性和救济性，不具有惩罚性，并不属于行政处罚。

罚款。对于生产建设单位的水土保持方案后续设计、水土保持设施建设、水土流失监测、水土保持工程施工监理、水土流失监测情况，被水行政主管部门责令限期改正后仍不履行的，由水行政主管部门强制其缴纳一定数量的罚款。本条的罚款处罚标准存在三种类型：一是对生产建设单位未按照规定报告水土流失监测情况的，处二千元以上五千元以下的罚款；二是未按规定开展水土流失监测、水土保持工程施工监理的，处一万元以上五万元以下的罚款；三是水土保持设施建设未纳入生产建设项目招投标和施工合同的，或者未开展水土保持方案后续设计或者未将其纳入工程主体设计和预算的，处二万元以上十万元以下的罚款。

第三十五条【违反第二十二条第二款的罚则】

违反本条例第二十二条第二款的规定，由市、县级人民政府水行政主管部门责令停止违法行为，限期整改；逾期不整改的，对个人处一千元以上一万元以下的罚款，对单位处一万元以上五万元以下的罚款；造成水土保持设施损坏的，依法承担赔偿责任。

【条文释义】

本条是对水土保持设施相关损害进行处罚的规定。

一、关于水土保持设施的相关损害

水土保持设施的管理和维护的责任主体是其所有权人或者使用权人或管理单位。本条例规定水土保持设施的所有权人或者使用权人或有关管理单位具有管理和维护的法律义务，确保水土保持设施长期发挥水土保持功能。

本条例第22条第2款规定：任何单位和个人不得破坏、侵占水土保持设施，不得擅自占用、拆除水土保持设施或者改变其用途；确需占用、拆除或者改变用途的，应当按照同等功能予以重建或者补偿。这一规定主要针对的是水土保持设施的责任主体的管理维护责任。责任主体的管护责任体现在不得破坏或者侵占、填堵、拆除水土保持设施或改变水土保持设施的用途；对于需占用、拆除水土保持设施的，应及时重建或补偿，以恢复水土保持设施应有功能和作用，防治水土流失。

违反上述条款规定的行为属于破坏或侵占水土保持设施，除第22条规定的单位和个人的责任：按照同等功能予以重建或者补偿，还存在监督管理机关的责任。即由市、县级人民政府水行政主管部门责令停止违法行为，限期整改；逾期不整改的，对个人处一千元以上一万元以下的罚款，对单位处一万元以上五万元以下的罚款；造成水土保持设施损坏的，依法承担赔偿责任。尽管本条例对建设施工单位赋予了水土保持设施与水土保持监测等义务。但是，在多年的水土维持工作中发现，对水土保持设施进行破坏、侵占，除生产建设单位外，还可能是这之外的单位或个人。例如，单位或个人拆除或破坏水土保持设施，是为了进行经济林的种植或交通建设等。因此，尽管本条例在第22条第2款规定了任何单位和个人有对其破坏或侵占的水土保持设施进行重建或补偿的义务，还应当被监督管理机关限期整改，拒不改正的处以罚款，并承担相应赔偿责任。

二、对违反本条款行为的处理

本条例第22条第2款规定的"破坏、侵占水土保持设施，不得擅自占用、拆除水土保持设施或者改变其用途"可以区分为两种类型的行为：一是侵占、占用水土保持设施，二是破坏、拆除水土保持设施或者改变其用途。

有关水土保持设施的概念界定，在《江西省实施〈中华人民共和国水土保持法〉办法》第18条规定，前款所称水土保持设施，是指有水土保持功能的所有人工建筑物和人工植被的总称，包括：

梯田、地埂、截流沟、蓄水沟、沟边埂、排灌渠（沟）、沉砂池、蓄水池和沟头防护等构筑物；拦渣坝、拦沙坝、尾矿坝、谷坊、池塘、护堤（坡）、拦（挡）渣（土）墙等工程；水土保持林草及植物埂、水平沟、鱼鳞坑等；监测网点和科研试验、示范场地等；其他水土保持设施。

对于侵占、占用水土保持设施的情形，按照本条第1款规定处理：由市、县级人民政府水行政主管部门责令停止违法行为，限期整改；逾期不整改的，对个人处一千元以上一万元以下的罚款，对单位处一万元以上五万元以下的罚款。在具体的行政执法过程中，根据侵占或占用水土保持设施的危害性，以决定具体罚款数额的多寡。

对于破坏、拆除水土保持设施或者改变其用途，还应当承担本条款所规定的同侵占、占用水土保持设施同等的法律责任。并且，对于破坏和拆除水土保持设施的，水土保持设施的管理责任人（水土保持设施的所有权人或者使用权人或有关管理单位）依法承担赔偿责任。

此外，对于破坏、侵占水土保持设施，不得擅自占用、拆除水土保持设施或者改变其用途的，还应当依据本条例第21条规定进行处理。即造成水土流失的，进行恢复原状，不能恢复原有水土保持功能的，应当依法缴纳水土保持补偿费。

第三十六条【水土保持技术服务机构违法行为罚则】

违反本条例规定，水土保持技术服务机构弄虚作假，伪造、篡改、虚报、瞒报数据的，由市、县级人民政府水行政主管部门责令改正，可以处五千元以上五万元以下的罚款；有违法所得的，没收违法所得。

【条文释义】

本条是关于第 27 条规定的罚则。本条例第 27 条规定，从事水土保持方案编制及水土保持监测、监理、技术评估、规划编制等技术服务的机构，应当遵守有关法律法规、技术标准、规程规范，不得弄虚作假，伪造、篡改、虚报、瞒报数据。

一、关于水土保持的技术服务机构的违法行为

水土保持的技术服务机构（水土保持中介结构）分为水土保持方案编制单位、水土保持监测单位、水土保持监理单位。根据本条例第 27 条规定，水土保持的技术服务机构有应当遵守有关法律、法规、技术标准、规程规范，不得弄虚作假，伪造、篡改、虚报、瞒报数据。

根据国务院文件要求，水利部印发了《关于加强事中事后监管规范生产建设项目水土保持设施自主验收的通知》，对取消生产建设项目水土保持设施验收审批、加强事中事后监管提出了明确要求。对于水土保持技术服务机构的弄虚作假，伪造、篡改、虚报、瞒报数据的行为，可以由行政机关的行政监督管理实现事中事后监管，也可以由行业自律实现行业内的事中及事后监督管理。

在行业自律方面，水土保持类行业协会（学会）应当加强行业自律、事中事后监管，规范行业服务行为。水土保持学会随机抽查、社会监督中发现的不良行为包括：监测成果弄虚作假、违法违规行为。在行业自律中发现水土保持服务机构出现监测成果弄虚作假等情况之一的，中国水土保持学会可以视情节严重程度，通过扣减信用度相应分值的方法降级直至取消持证单位水平评价资格。

在行政监管方面，由市、县级人民政府水行政主管部门进行责任追究。水土保持的技术服务机构所提供的技术服务，是水土保持工作监测、监理及规划编制中的重要评估指标。例如，监理具有服

务性、科学性、公平性、独立性的特征，水土保持的技术服务机构应当按照独立自主的原则开展监理活动。对于水土保持推行强制监理的一个重要目的，是通过对监理企业法律责任的规定，促进水土保持的规范，制约生产建设项目的水土保持恣意性。也就是说，如果生产建设单位存在违反法律的行为或水土保持设施不符合水土保持要求，监理应予以制止或向有关部门报告。实际上是要求水土保持的技术服务机构在提供技术服务的同时，对工作中发现水土保持相关信息具有如实上报或报告的义务。因此，如果水土保持的技术服务机构弄虚作假，伪造、篡改、虚报、瞒报数据，则会导致中立性及科学性的监测、监理、规划编制活动不再具有第三方检测的功能。对此，本条例规定了对于水土保持的技术服务机构弄虚作假，伪造、篡改、虚报、瞒报数据，意在实现《水土保持法》及其相关法规的预设的中立评测目的。

二、关于对水土保持的技术服务机构弄虚作假，伪造、篡改、虚报、瞒报数据的处理

本条规定，违反本条例规定，水土保持技术服务机构弄虚作假，伪造、篡改、虚报、瞒报数据的，由市、县级人民政府水行政主管部门责令改正，可以处五千元以上五万元以下的罚款；有违法所得的，没收违法所得。根据规范内容，可以认为对技术服务机构的处理分为两个方面：一种是对弄虚作假，伪造、篡改、虚报、瞒报数据，但不存在与生产建设单位沆瀣一气及取得违法所得的处理；另一种是弄虚作假，伪造、篡改、虚报、瞒报数据，且存在与生产建设单位之间的不正当利益往来的处理。

对于单独存在弄虚作假，伪造、篡改、虚报、瞒报数据的水土保持的技术服务机构，直接由水行政主管部门责令改正，另外根据情节的严重性或时间上的紧迫性可以处五千元以上五万元以下的罚

款。对于有违法所得的,但不构成犯罪的,由水行政主管部门直接没收违法所得,取缔技术服务机构因弄虚作假、伪造、篡改、虚报、瞒报数据行为所取得的不正当利益。

第三十七条【特殊法有规定的优先适用特殊规定】

违反本条例规定的其他行为,法律、法规已有处罚规定的,适用其规定。

【条文释义】

在以本条例为法律依据进行水土保持的保护过程中,还应当注意其他法律、法规的相关规定。对违反本条例规定的行为,法律、法规另有规定的,适用其规定的原因是多方面的。其中,最重要的是法的效力位阶问题和特别法高于一般法的问题。

我国《中华人民共和国立法法》根据法的效力原理,具体规定了一般法和特别法、新法和旧法的效力关系。2000年《中华人民共和国立法法》第83条规定:"同一机关制定的法律、行政法规、地方性法规、自治条例和单行条例、规章,特别规定与一般规定不一致的,适用特别规定;新的规定与旧的规定不一致的,适用新的规定。"由此可见,在一般法和特别法的效力问题方面,适用的是"特别法优于一般法"的原则;在新法和旧法的效力问题方面,适用的是"新法优于旧法"的原则。

对于由同一机关制定的各种规范性文件,优先适用特别规定而不是一般规定,是因为,一般规定是对普遍的、通常的问题进行规定,而特别规定是对具体的、特定的问题进行规定,有明确的针对性,所以当它们处于同一位阶时,应当优先适用特别法。对于由同一机关制定的各种规范性文件,优先适用新的规定而不是旧的规

第五章　法律责任

定,是因为:当同一机关就同一问题进行了新的规定,也就意味着对旧的规定进行了修改或补充,当然应当适用新法。

由于《赣州市水土保持条例》的效力等级为地方性法规,在效力位阶上低于法律与行政法规,以及本省省级人民代表大会及其常委会所制定的地方性法规。因此,依据法的效力等级,在实施本条例的时候应当遵循以下原则:

(1)违反本条例的行为,但没有规定相应的法律责任的,适用上位法文物保护相关的法律及行政法规的规定。

(2)对于违反本条例的行为,法律和法规已有规定,但本条例对上位法规定在其范围内对其内容细化的,此时适用本条例的规定,不再适用上位法的法律及行政法规的规定。

(3)对于违反本条例的行为,法律和行政法规及省级地方性法规另有规定的,即使本条例有规定,但与法律、行政法规及省级地方性法规有所不同的,因为效力位阶的区别,适用水土保持相关的法律、行政法规及省级地方性法规。

第六章 附 则

第三十八条【相对集中许可的特殊处理】

本条例涉及行政审批事项的许可权已经按照有关规定移交行政审批主管部门的，由行政审批主管部门行使。

【条文释义】

一、关于行政审批主管部门的许可权

《水利部关于进一步深化"放管服"改革全面加强水土保持监管的意见》中指明：优化审批方式、压缩审批时限、提高审批效率。《江西省人民政府关于进一步精简省级行政权力事项的决定》中，为纵深推进"放管服"改革，加快政府职能转变，省政府取消和调整一批省级行政权力事项。其中，在行政权力事项目录的水土保持部分，由省水利厅将生产建设项目水土保持方案审批的行政许可权部分下放。其主要内容为：下放至赣州市除省政府立项、跨设区市和省直管试点县（市）的项目外，挖填土石方总量小于100万方或征占地面积小于100公顷的项目水土保持方案审批权限。对于辖区内挖填土石方大于或等于100万方且征占地面积大于或等于100公顷的项目［省政府立项、跨设区市和省直管试点县（市）的项目外］水土保持方案审批权限下放，报省水行政主管部门备案。在《赣州市水土保持高质量发展规划（2021—2030年）的通知》

中要求：创新监管模式，深化"放管服"改革。实行水土保持不见面审批、承诺制等便民利企措施，在城市新区建立改革审批放管服试验区、探索实施涉水审批事项"三合一"等，优化水土保持审批服务，提升审批效率，减轻企业负担。

根据本条例第13条规定，水土保持方案的审批部门为县级以上人民政府水行政主管部门。水土保持方案变更审批。其他的审批情形，根据《省委办公厅、省政府办公厅关于对赣州市相对集中行政许可权改革试点方案的批复》、《赣州市相对集中行政许可权改革试点方案》，赣州市行政审批局（政务服务中心）的主要职责中规定：市水保局、市水利局、市卫计委、市文广新局、市质监局、市司法局、市环保局等24个部门承担的63个（子项116个）行政许可权及与其相关联的审批事项全部划入行政审批局。因此，本条款规定的行政审批主管部门是市行政审批局。

第三十九条【生效日期】

本条例自2020年8月1日起施行。

【条文释义】

法律的生效日期，是指法律开始实施并发生法律效力的日期。从我国已制定的法律来看，对生效日期的规定，主要分为以下三种情况：其一，直接在法律中规定"本法××××年××月××日起施行"。其二，在法律条文中没有直接规定具体的生效日期，而只是规定"本法自公布之日起施行"。其三，规定一部法律的生效日期取决于另一部法律的生效日期。《赣州市水土保持条例》的生效日期，是属于第一种情况，即直接规定了"本条例自2020年8月1日起施行"。

赣州市水土保持条例

(2020年4月21日赣州市第五届人民代表大会常务委员会第二十八次会议通过

2020年5月14日江西省第十三届人民代表大会常务委员会第二十次会议批准)

目 录

第一章 总 则
第二章 规划和预防
第三章 治 理
第四章 监测和监督
第五章 法律责任
第六章 附 则

第一章 总 则

第一条 为了预防和治理水土流失，保护和合理利用水土资源，改善生态环境，促进生态文明建设，保障经济社会可持续发展，根据《中华人民共和国水土保持法》《江西省实施〈中华人民共和国水土保持法〉办法》等有关法律、法规的规定，结合本市实际，制定本条例。

第二条 在本市行政区域内开展水土保持工作，或者从事可能造成水土流失的自然资源开发利用、生产建设及其他活动，适用本条例。

第三条 水土保持工作实行预防为主、保护优先、全面规划、综合治理、因地制宜、突出重点、科学管理、注重效益的方针，坚持谁开发利用水土资源谁负责保护、谁造成水土流失谁负责治理的原则。

第四条 市、县级人民政府应当加强对水土保持工作的统一领导，将水土保持工作纳入本级国民经济和社会发展规划，对水土保持规划确定的任务，安排专项资金，并组织实施。

乡（镇）人民政府、街道办事处负责做好本辖区内水土流失防治工作，应当明确水土保持工作的管理机构及人员，及时向县级水行政主管部门报告水土流失隐患、危害，依法制止并配合相关部门调查处理水土保持违法行为。

各级人民政府实行水土保持目标责任制和考核奖惩制度，将水土保持工作纳入生态文明建设内容。

第五条 市、县级人民政府水行政主管部门主管本行政区域的水土保持工作，具体职责是：

（一）组织宣传和实施有关水土保持的法律、法规和政策，查处水土保持违法行为；

（二）进行水土流失勘测、普查，会同有关部门编制水土保持规划并组织实施；

（三）负责审批并监督生产建设单位实施水土保持方案；

（四）负责水土保持工作综合协调和监督，建立和完善水土保持监测网络，监测、预报本地区水土流失动态；

（五）负责组织实施水土流失综合治理、生态修复；

（六）负责水土保持经费的管理和使用，收取水土保持补偿费；

（七）组织开展水土保持宣传教育、科学研究、人才培训和技术推广工作；

（八）法律、法规规定的其他职责。

县级以上人民政府发展改革、工业和信息化、财政、审计、农业农村、林业、自然资源、生态环境、交通运输、住房和城乡建设、气象等有关部门按照各自职责，依法做好水土流失预防和治理的有关工作。

第六条　村（居）民委员会协助乡（镇）人民政府、街道办事处做好水土保持工作，可以将水土保持纳入村规民约；发现水土流失隐患，应当及时报告乡（镇）人民政府、街道办事处或者县级人民政府水行政主管部门；发现破坏水土资源的违法行为，应当及时劝阻，并报告乡（镇）人民政府、街道办事处或者县级人民政府水行政主管部门。

第七条　各级人民政府及其有关部门应当加强水土保持宣传和教育工作，普及水土保持科学知识，增强公众的水土保持意识。

每年3月22日至28日为全市水土保持宣传周。

第二章 规划和预防

第八条 有关基础设施建设、开发区建设、农业开发、果业开发、矿产资源开发、城镇建设、旅游景区建设、公共服务设施建设以及中小河流治理、国土空间综合治理等方面的规划，在实施过程中可能造成水土流失的，规划的组织编制机关应当分析论证规划所涉及的项目对水土资源、生态环境的影响，并在规划中提出水土流失预防和治理的对策和措施；有关规划在报请审批前，应当征求本级人民政府水行政主管部门的意见。

第九条 任何单位和个人不得在下列区域取土、挖砂、采石以及新开垦种植脐橙、油茶等经济林：

（一）县级以上人民政府划定的崩塌、滑坡危险区和泥石流易发区；

（二）小（二）型以上水库周边、赣江及其二级以上支流和东江及其一级支流两岸山坡的水土流失严重、生态脆弱区域；

（三）铁路、高速公路、国道、省道沿线两侧山坡的水土流失严重、生态脆弱区域；

（四）其他水土流失严重、生态脆弱的区域。

在前款规定的区域抢修铁路、公路、水工程等，进行取土、挖砂、采石或者堆放废弃固体物的，生产建设单位事后应当及时采取水土保持措施。

第十条 禁止在二十五度以上的陡坡地开垦种植农作物或者全垦造林。

在二十五度以上陡坡地，种植脐橙、油茶等经济林的，应当先规划后开发，合理确定位置和规模，保留山顶原生植被，设置植被隔离带，采取梯壁植草，修建坎下竹节沟、拦水埂、截水沟、蓄水池、排水沟、等高水平条带等水土保持措施，防止水土流失。

在五度以上、二十五度以下的荒坡地开垦种植农作物，应当采取修建水平梯田、坡面水系整治、蓄水保土耕作等水土保持措施。

第十一条 在矿产资源开发中，生产建设单位应当采取拦挡、坡面防护、防洪排导等水土保持措施，保护植被，防止水土流失。

第十二条 在交通工程建设过程中，生产建设单位应当科学选址，合理安排线路，减少土石方开挖和植被破坏，将废弃的土、石、渣堆放在已批复水土保持方案指定的地点，不得随意倾倒。

第十三条 在山区、丘陵区、风沙区以及水土保持规划确定的容易发生水土流失的其他区域，开办可能造成水土流失的生产建设项目，生产建设单位应当依法编制水土保持方案，并报县级以上人民政府水行政主管部门审批。

前款规定依法应当编制水土保持方案的生产建设项目的范围，按照国家和省有关规定确定。

第十四条 分期建设的生产建设项目，水土保持方案可以分期编制；改建、扩建的生产建设项目，水土保持方案应当重新编制。

第十五条 各类开发区建设实行水土保持区域评估制度。开发区管理机构在通水、通电、通路、通讯、通气、平整土地之前应当编制水土保持区域评估报告，报批准设立开发区的同级人民政府水行政主管部门审批。开发区内的生产建设项目水土保持方案实行承诺制或者备案制管理。

第十六条 生产建设单位应当在可能造成水土流失的生产建设项目开工建设后的十个工作日内，向水行政主管部门书面报告开工信息；生产建设项目中的水土保持设施，应当与主体工程同时设计、同时施工、同时投产使用。

生产建设单位编制的水土保持方案经批准后，应当开展水土保持方案后续设计,并将其纳入工程主体设计和预算;水土保持设施建设应当纳入生产建设项目招投标和施工合同;生产建设项目竣工验收,应当验收水土保持设施,分期建设、分期投产使用的,其水土保持设施应当分期验收,未经验收或者验收不合格的,生产建设项目不得投产使用。

第十七条 生产建设项目停建、缓建或者停工、停产的,生产建设单位应当对可能造成水土流失的裸露面、废弃的土、石、渣等采取覆盖、拦挡、坡面防护、防洪排导等水土保持措施,消除水土流失隐患或者危害。

第三章 治 理

第十八条 市、县级人民政府应当根据水土保持规划,组织有关部门和单位,以小流域为单元,有计划地对水土流失进行综合治理。水土流失的治理应当与开发利用水土资源、改善生态环境相结合,注重提高生态、经济、社会效益。

第十九条 开办生产建设项目或者从事其他生产建设活动造成水土流失的,应当采取水土保持措施进行治理。施工期间应当采取覆盖、拦挡、排水、沉沙等临时措施,主体工程结束后应当及时在裸露土地上植树种草恢复植被,对闭库的尾矿库进行复垦。

第二十条 市、县级人民政府应当按照属地管理和分级负担原则,将水土保持生态效益补偿纳入本行政区域的生态效益补偿范围,并安排一定生态效益补偿资金用于水土流失预防和治理。

第二十一条 开办生产建设项目或者从事其他生产建设活动造成水土流失的,应当进行治理。不能恢复原有水土保持功能的,应当依法缴纳水土保持补偿费,专项用于水土流失预防和治理。

市、县级人民政府财政主管部门应当根据国家和省有关规定建立水土保持补偿费分级留存和上缴机制。

第二十二条 水土保持设施的所有权人、使用权人或者有关管理单位应当加强对水土保持设施的管理与维护，落实管护责任，保障其功能正常发挥。

任何单位和个人不得破坏、侵占水土保持设施，不得擅自占用、拆除水土保持设施或者改变其用途；确需占用、拆除或者改变用途的，应当按照同等功能予以重建或者补偿。

第二十三条 鼓励单位和个人参与崩岗治理、生态清洁小流域治理和水土保持示范园建设等水土流失综合治理，各级人民政府可以根据国家有关规定在资金、技术、税收等方面予以扶持。

第四章 监测和监督

第二十四条 市、县级人民政府水行政主管部门应当根据水土保持规划，完善水土保持监测网络，开展水土流失动态监测。

第二十五条 对可能造成严重水土流失的大中型生产建设项目，生产建设单位应当自行或者委托具备水土保持监测资质的机构开展水土流失监测；项目建设期间，生产建设单位应当在每季度的第一个月，向批准水土保持方案的同级水行政主管部门报送上季度的监测报告；监测任务完成后三个月内，报送监测总结报告。

第二十六条 按照国家规定主体工程应当实施工程施工监理的生产建设项目，有水土保持工程的，生产建设单位应当将水土保持工程纳入委托监理范围，受委托的单位应当按照相关规范要求开展水土保持工程施工监理。

第二十七条 从事水土保持方案编制及水土保持监测、监理、技术评估、规划编制等技术服务的机构，应当遵守有关法律法规、技术标准、规程规范，不得弄虚作假，伪造、篡改、虚报、瞒报数据。

第二十八条 市、县级人民政府水行政主管部门应当对生产建设项目水土保持方案的实施情况进行跟踪检查，发现问题及时处理。检查事项包括：

（一）水土保持方案报批、后续设计情况；

（二）水土保持措施落实情况；

（三）水土保持设施在招投标文件、施工合同中的落实情况；

（四）水土保持监测、监理工作情况；

（五）水土保持方案变更手续办理情况；

（六）水土保持投资资金到位以及使用情况和水土保持补偿费缴纳情况；

（七）砂、石、土、矸石、尾矿、废渣等废弃物处置情况；

（八）水土保持设施验收工作情况；

（九）其他依法应当跟踪检查的情况。

市、县级人民政府水行政主管部门可以委托相关专业机构对水土保持监督检查工作提供技术服务。

第二十九条 市、县级人民政府水行政主管部门应当建立水土保持信用记录工作制度，将单位和个人违反水土保持法律、法规行为的信息纳入社会信用体系。

第五章 法律责任

第三十条 水行政主管部门或者其他依照本法规定行使监督管理权的部门及其工作人员违反本条例规定，有下列行为之一的，对直接负责的主管人员和其他直接责任人员依法给予处分：

（一）不依法作出行政许可决定或者办理批准文件的；

（二）发现违法行为或者接到对违法行为的举报不予查处的；

（三）其他未依照本条例规定履行职责的。

第三十一条 违反本条例第九条第一款规定新种植脐橙、油茶等经济林的，由市、县级人民政府水行政主管部门责令停止违法行为，采取退耕、恢复植被等补救措施；按照违法开垦或者种植面积，可以对个人处每平方米二元以下的罚款、对单位处每平方米十元以下的罚款。

第三十二条 违反本条例规定，有下列情形之一的，由市、县级人民政府水行政主管部门责令限期治理；逾期仍不治理的，可以指定有治理能力的单位代为治理，所需费用由违法行为人承担。

（一）开发区内的生产建设单位未履行第十五条规定的水土流失防治责任和义务，造成水土流失，不进行治理的；

（二）开办、从事矿产资源开发、交通工程建设等生产建设项目或者生产建设活动，造成水土流失，不进行治理的。

第三十三条 生产建设项目停建、缓建或者停工、停产，造成水土流失，不进行治理的，由市、县级人民政府水行政主管部门责令限期整改；逾期不整改的，水行政主管部门可以指定有处理能力的单位代为处理，所需费用由违法行为人承担。

第三十四条 违反本条例规定，生产建设单位有下列行为之一的，由市、县级人民政府水行政主管部门按照以下规定予以处罚：

（一）未开展水土保持方案后续设计或者未将其纳入工程主体设计和预算的，责令限期改正；逾期不改正的，处二万元以上十万元以下的罚款。

（二）水土保持设施建设未纳入生产建设项目招投标和施工合同的，责令限期改正；逾期不改正的，处二万元以上十万元以下的罚款。

（三）未按规定开展水土流失监测、水土保持工程施工监理的，责令限期改正；逾期不改正的，处一万元以上五万元以下的罚款。

（四）未按照规定报告水土流失监测情况的，责令限期改正；逾期不改正的，处二千元以上五千元以下的罚款。

第三十五条 违反本条例第二十二条第二款的规定，由市、县级人民政府水行政主管部门责令停止违法行为，限期整改；逾期不整改的，对个人处一千元以上一万元以下的罚款，对单位处一万元以上五万元以下的罚款；造成水土保持设施损坏的，依法承担赔偿责任。

第三十六条 违反本条例规定，水土保持技术服务机构弄虚作假，伪造、篡改、虚报、瞒报数据的，由市、县级人民政府水行政主管部门责令改正，可以处五千元以上五万元以下的罚款；有违法所得的，没收违法所得。

第三十七条 违反本条例规定的其他行为，法律、法规已有处罚规定的，适用其规定。

第六章 附 则

第三十八条 本条例涉及行政审批事项的许可权已经按照有关规定移交行政审批主管部门的，由行政审批主管部门行使。

第三十九条 本条例自2020年8月1日起施行。

附 录

附录一 中华人民共和国水土保持法

（1991年6月29日第七届全国人民代表大会常务委员会第二十次会议通过

2010年12月25日第十一届全国人民代表大会常务委员会第十八次会议修订）

目 录

第一章 总 则
第二章 规 划
第三章 预 防
第四章 治 理
第五章 检测和监督
第六单 法律责任
第七章 附 则

第一章 总 则

第一条 为了预防和治理水土流失，保护和合理利用水土资源，减轻水、旱、风沙灾害，改善生态环境，保障经济社会可持续发展，制定本法。

第二条 在中华人民共和国境内从事水土保持活动，应当遵守本法。

本法所称水土保持，是指对自然因素和人为活动造成水土流失所采取的预防和治理措施。

第三条 水土保持工作实行预防为主、保护优先、全面规划、综合治理、因地制宜、突出重点、科学管理、注重效益的方针。

第四条 县级以上人民政府应当加强对水土保持工作的统一领导，将水土保持工作纳入本级国民经济和社会发展规划，对水土保持规划确定的任务，安排专项资金，并组织实施。

国家在水土流失重点预防区和重点治理区，实行地方各级人民政府水土保持目标责任制和考核奖惩制度。

第五条 国务院水行政主管部门主管全国的水土保持工作。

国务院水行政主管部门在国家确定的重要江河、湖泊设立的流域管理机构（以下简称流域管理机构），在所管辖范围内依法承担水土保持监督管理职责。

县级以上地方人民政府水行政主管部门主管本行政区域的水土保持工作。

县级以上人民政府林业、农业、国土资源等有关部门按照各自职责，做好有关的水土流失预防和治理工作。

第六条 各级人民政府及其有关部门应当加强水土保持宣传和教育工作，普及水土保持科学知识，增强公众的水土保持意识。

第七条 国家鼓励和支持水土保持科学技术研究，提高水土保持科学技术水平，推广先进的水土保持技术，培养水土保持科学技术人才。

第八条 任何单位和个人都有保护水土资源、预防和治理水土流失的义务，并有权对破坏水土资源、造成水土流失的行为进行举报。

第九条 国家鼓励和支持社会力量参与水土保持工作。

对水土保持工作中成绩显著的单位和个人，由县级以上人民政府给予表彰和奖励。

第二章 规 划

第十条 水土保持规划应当在水土流失调查结果及水土流失重点预防区和重点治理区划定的基础上，遵循统筹协调、分类指导的原则编制。

第十一条 国务院水行政主管部门应当定期组织全国水土流失调查并公告调查结果。

省、自治区、直辖市人民政府水行政主管部门负责本行政区域的水土流失调查并公告调查结果，公告前应当将调查结果报国务院水行政主管部门备案。

第十二条 县级以上人民政府应当依据水土流失调查结果划定并公告水土流失重点预防区和重点治理区。

对水土流失潜在危险较大的区域，应当划定为水土流失重点预防区；对水土流失严重的区域，应当划定为水土流失重点治理区。

第十三条 水土保持规划的内容应当包括水土流失状况、水土流失类型区划分、水土流失防治目标、任务和措施等。

水土保持规划包括对流域或者区域预防和治理水土流失、保护和合理利用水土资源作出的整体部署，以及根据整体部署对水土保持专项工作或者特定区域预防和治理水土流失作出的专项部署。

水土保持规划应当与土地利用总体规划、水资源规划、城乡规划和环境保护规划等相协调。

编制水土保持规划,应当征求专家和公众的意见。

第十四条 县级以上人民政府水行政主管部门会同同级人民政府有关部门编制水土保持规划,报本级人民政府或者其授权的部门批准后,由水行政主管部门组织实施。

水土保持规划一经批准,应当严格执行;经批准的规划根据实际情况需要修改的,应当按照规划编制程序报原批准机关批准。

第十五条 有关基础设施建设、矿产资源开发、城镇建设、公共服务设施建设等方面的规划,在实施过程中可能造成水土流失的,规划的组织编制机关应当在规划中提出水土流失预防和治理的对策和措施,并在规划报请审批前征求本级人民政府水行政主管部门的意见。

第三章 预 防

第十六条 地方各级人民政府应当按照水土保持规划,采取封育保护、自然修复等措施,组织单位和个人植树种草,扩大林草覆盖面积,涵养水源,预防和减轻水土流失。

第十七条 地方各级人民政府应当加强对取土、挖砂、采石等活动的管理,预防和减轻水土流失。

禁止在崩塌、滑坡危险区和泥石流易发区从事取土、挖砂、采石等可能造成水土流失的活动。崩塌、滑坡危险区和泥石流易发区的范围,由县级以上地方人民政府划定并公告。崩塌、滑坡危险区和泥石流易发区的划定,应当与地质灾害防治规划确定的地质灾害易发区、重点防治区相衔接。

第十八条 水土流失严重、生态脆弱的地区,应当限制或者禁止可能造成水土流失的生产建设活动,严格保护植物、沙壳、结皮、地衣等。

在侵蚀沟的沟坡和沟岸、河流的两岸以及湖泊和水库的周边，土地所有权人、使用权人或者有关管理单位应当营造植物保护带。禁止开垦、开发植物保护带。

第十九条 水土保持设施的所有权人或者使用权人应当加强对水土保持设施的管理与维护，落实管护责任，保障其功能正常发挥。

第二十条 禁止在二十五度以上陡坡地开垦种植农作物。在二十五度以上陡坡地种植经济林的，应当科学选择树种，合理确定规模，采取水土保持措施，防止造成水土流失。

省、自治区、直辖市根据本行政区域的实际情况，可以规定小于二十五度的禁止开垦坡度。禁止开垦的陡坡地的范围由当地县级人民政府划定并公告。

第二十一条 禁止毁林、毁草开垦和采集发菜。禁止在水土流失重点预防区和重点治理区铲草皮、挖树兜或者滥挖虫草、甘草、麻黄等。

第二十二条 林木采伐应当采用合理方式，严格控制皆伐；对水源涵养林、水土保持林、防风固沙林等防护林只能进行抚育和更新性质的采伐；对采伐区和集材道应当采取防止水土流失的措施，并在采伐后及时更新造林。

在林区采伐林木的，采伐方案中应当有水土保持措施。采伐方案经林业主管部门批准后，由林业主管部门和水行政主管部门监督实施。

第二十三条 在五度以上坡地植树造林、抚育幼林、种植中药材等，应当采取水土保持措施。

在禁止开垦坡度以下、五度以上的荒坡地开垦种植农作物，应当采取水土保持措施。具体办法由省、自治区、直辖市根据本行政区域的实际情况规定。

第二十四条　生产建设项目选址、选线应当避让水土流失重点预防区和重点治理区；无法避让的，应当提高防治标准，优化施工工艺，减少地表扰动和植被损坏范围，有效控制可能造成的水土流失。

第二十五条　在山区、丘陵区、风沙区以及水土保持规划确定的容易发生水土流失的其他区域开办可能造成水土流失的生产建设项目，生产建设单位应当编制水土保持方案，报县级以上人民政府水行政主管部门审批，并按照经批准的水土保持方案，采取水土流失预防和治理措施。没有能力编制水土保持方案的，应当委托具备相应技术条件的机构编制。

水土保持方案应当包括水土流失预防和治理的范围、目标、措施和投资等内容。

水土保持方案经批准后，生产建设项目的地点、规模发生重大变化的，应当补充或者修改水土保持方案并报原审批机关批准。水土保持方案实施过程中，水土保持措施需要作出重大变更的，应当经原审批机关批准。

生产建设项目水土保持方案的编制和审批办法，由国务院水行政主管部门制定。

第二十六条　依法应当编制水土保持方案的生产建设项目，生产建设单位未编制水土保持方案或者水土保持方案未经水行政主管部门批准的，生产建设项目不得开工建设。

第二十七条　依法应当编制水土保持方案的生产建设项目中的水土保持设施，应当与主体工程同时设计、同时施工、同时投产使用；生产建设项目竣工验收，应当验收水土保持设施；水土保持设施未经验收或者验收不合格的，生产建设项目不得投产使用。

第二十八条 依法应当编制水土保持方案的生产建设项目，其生产建设活动中排弃的砂、石、土、矸石、尾矿、废渣等应当综合利用；不能综合利用，确需废弃的，应当堆放在水土保持方案确定的专门存放地，并采取措施保证不产生新的危害。

第二十九条 县级以上人民政府水行政主管部门、流域管理机构，应当对生产建设项目水土保持方案的实施情况进行跟踪检查，发现问题及时处理。

第四章 治 理

第三十条 国家加强水土流失重点预防区和重点治理区的坡耕地改梯田、淤地坝等水土保持重点工程建设，加大生态修复力度。

县级以上人民政府水行政主管部门应当加强对水土保持重点工程的建设管理，建立和完善运行管护制度。

第三十一条 国家加强江河源头区、饮用水水源保护区和水源涵养区水土流失的预防和治理工作，多渠道筹集资金，将水土保持生态效益补偿纳入国家建立的生态效益补偿制度。

第三十二条 开办生产建设项目或者从事其他生产建设活动造成水土流失的，应当进行治理。

在山区、丘陵区、风沙区以及水土保持规划确定的容易发生水土流失的其他区域开办生产建设项目或者从事其他生产建设活动，损坏水土保持设施、地貌植被，不能恢复原有水土保持功能的，应当缴纳水土保持补偿费，专项用于水土流失预防和治理。专项水土流失预防和治理由水行政主管部门负责组织实施。水土保持补偿费的收取使用管理办法由国务院财政部门、国务院价格主管部门会同国务院水行政主管部门制定。

生产建设项目在建设过程中和生产过程中发生的水土保持费

用，按照国家统一的财务会计制度处理。

第三十三条 国家鼓励单位和个人按照水土保持规划参与水土流失治理，并在资金、技术、税收等方面予以扶持。

第三十四条 国家鼓励和支持承包治理荒山、荒沟、荒丘、荒滩，防治水土流失，保护和改善生态环境，促进土地资源的合理开发和可持续利用，并依法保护土地承包合同当事人的合法权益。

承包治理荒山、荒沟、荒丘、荒滩和承包水土流失严重地区农村土地的，在依法签订的土地承包合同中应当包括预防和治理水土流失责任的内容。

第三十五条 在水力侵蚀地区，地方各级人民政府及其有关部门应当组织单位和个人，以天然沟壑及其两侧山坡地形成的小流域为单元，因地制宜地采取工程措施、植物措施和保护性耕作等措施，进行坡耕地和沟道水土流失综合治理。

在风力侵蚀地区，地方各级人民政府及其有关部门应当组织单位和个人，因地制宜地采取轮封轮牧、植树种草、设置人工沙障和网格林带等措施，建立防风固沙防护体系。

在重力侵蚀地区，地方各级人民政府及其有关部门应当组织单位和个人，采取监测、径流排导、削坡减载、支挡固坡、修建拦挡工程等措施，建立监测、预报、预警体系。

第三十六条 在饮用水水源保护区，地方各级人民政府及其有关部门应当组织单位和个人，采取预防保护、自然修复和综合治理措施，配套建设植物过滤带，积极推广沼气，开展清洁小流域建设，严格控制化肥和农药的使用，减少水土流失引起的面源污染，保护饮用水水源。

第三十七条 已在禁止开垦的陡坡地上开垦种植农作物的，应当按照国家有关规定退耕，植树种草；耕地短缺、退耕确有困难的，应当修建梯田或者采取其他水土保持措施。

在禁止开垦坡度以下的坡耕地上开垦种植农作物的，应当根据不同情况，采取修建梯田、坡面水系整治、蓄水保土耕作或者退耕等措施。

第三十八条 对生产建设活动所占用土地的地表土应当进行分层剥离、保存和利用，做到土石方挖填平衡，减少地表扰动范围；对废弃的砂、石、土、矸石、尾矿、废渣等存放地，应当采取拦挡、坡面防护、防洪排导等措施。生产建设活动结束后，应当及时在取土场、开挖面和存放地的裸露土地上植树种草、恢复植被，对闭库的尾矿库进行复垦。

在干旱缺水地区从事生产建设活动，应当采取防止风力侵蚀措施，设置降水蓄渗设施，充分利用降水资源。

第三十九条 国家鼓励和支持在山区、丘陵区、风沙区以及容易发生水土流失的其他区域，采取下列有利于水土保持的措施：

（一）免耕、等高耕作、轮耕轮作、草田轮作、间作套种等；

（二）封禁抚育、轮封轮牧、舍饲圈养；

（三）发展沼气、节柴灶，利用太阳能、风能和水能，以煤、电、气代替薪柴等；

（四）从生态脆弱地区向外移民；

（五）其他有利于水土保持的措施。

第五章 监测和监督

第四十条 县级以上人民政府水行政主管部门应当加强水土保持监测工作，发挥水土保持监测工作在政府决策、经济社会发展和社会公众服务中的作用。县级以上人民政府应当保障水土保持监测工作经费。

国务院水行政主管部门应当完善全国水土保持监测网络，对全国水土流失进行动态监测。

第四十一条 对可能造成严重水土流失的大中型生产建设项目，生产建设单位应当自行或者委托具备水土保持监测资质的机构，对生产建设活动造成的水土流失进行监测，并将监测情况定期上报当地水行政主管部门。

从事水土保持监测活动应当遵守国家有关技术标准、规范和规程，保证监测质量。

第四十二条 国务院水行政主管部门和省、自治区、直辖市人民政府水行政主管部门应当根据水土保持监测情况，定期对下列事项进行公告：

（一）水土流失类型、面积、强度、分布状况和变化趋势；

（二）水土流失造成的危害；

（三）水土流失预防和治理情况。

第四十三条 县级以上人民政府水行政主管部门负责对水土保持情况进行监督检查。流域管理机构在其管辖范围内可以行使国务院水行政主管部门的监督检查职权。

第四十四条 水政监督检查人员依法履行监督检查职责时，有权采取下列措施：

（一）要求被检查单位或者个人提供有关文件、证照、资料；

（二）要求被检查单位或者个人就预防和治理水土流失的有关情况作出说明；

（三）进入现场进行调查、取证。

被检查单位或者个人拒不停止违法行为，造成严重水土流失的，报经水行政主管部门批准，可以查封、扣押实施违法行为的工具及施工机械、设备等。

第四十五条　水政监督检查人员依法履行监督检查职责时,应当出示执法证件。被检查单位或者个人对水土保持监督检查工作应当给予配合,如实报告情况,提供有关文件、证照、资料;不得拒绝或者阻碍水政监督检查人员依法执行公务。

第四十六条　不同行政区域之间发生水土流失纠纷应当协商解决;协商不成的,由共同的上一级人民政府裁决。

第六章　法律责任

第四十七条　水行政主管部门或者其他依照本法规定行使监督管理权的部门,不依法作出行政许可决定或者办理批准文件的,发现违法行为或者接到对违法行为的举报不予查处的,或者有其他未依照本法规定履行职责的行为的,对直接负责的主管人员和其他直接责任人员依法给予处分。

第四十八条　违反本法规定,在崩塌、滑坡危险区或者泥石流易发区从事取土、挖砂、采石等可能造成水土流失的活动的,由县级以上地方人民政府水行政主管部门责令停止违法行为,没收违法所得,对个人处一千元以上一万元以下的罚款,对单位处二万元以上二十万元以下的罚款。

第四十九条　违反本法规定,在禁止开垦坡度以上陡坡地开垦种植农作物,或者在禁止开垦、开发的植物保护带内开垦、开发的,由县级以上地方人民政府水行政主管部门责令停止违法行为,采取退耕、恢复植被等补救措施;按照开垦或者开发面积,可以对个人处每平方米二元以下的罚款、对单位处每平方米十元以下的罚款。

第五十条　违反本法规定,毁林、毁草开垦的,依照《中华人民共和国森林法》、《中华人民共和国草原法》的有关规定处罚。

第五十一条 违反本法规定，采集发菜，或者在水土流失重点预防区和重点治理区铲草皮、挖树兜、滥挖虫草、甘草、麻黄等的，由县级以上地方人民政府水行政主管部门责令停止违法行为，采取补救措施，没收违法所得，并处违法所得一倍以上五倍以下的罚款；没有违法所得的，可以处五万元以下的罚款。

在草原地区有前款规定违法行为的，依照《中华人民共和国草原法》的有关规定处罚。

第五十二条 在林区采伐林木不依法采取防止水土流失措施的，由县级以上地方人民政府林业主管部门、水行政主管部门责令限期改正，采取补救措施；造成水土流失的，由水行政主管部门按照造成水土流失的面积处每平方米二元以上十元以下的罚款。

第五十三条 违反本法规定，有下列行为之一的，由县级以上人民政府水行政主管部门责令停止违法行为，限期补办手续；逾期不补办手续的，处五万元以上五十万元以下的罚款；对生产建设单位直接负责的主管人员和其他直接责任人员依法给予处分：

（一）依法应当编制水土保持方案的生产建设项目，未编制水土保持方案或者编制的水土保持方案未经批准而开工建设的；

（二）生产建设项目的地点、规模发生重大变化，未补充、修改水土保持方案或者补充、修改的水土保持方案未经原审批机关批准的；

（三）水土保持方案实施过程中，未经原审批机关批准，对水土保持措施作出重大变更的。

第五十四条 违反本法规定，水土保持设施未经验收或者验收不合格将生产建设项目投产使用的，由县级以上人民政府水行政主管部门责令停止生产或者使用，直至验收合格，并处五万元以上五十万元以下的罚款。

第五十五条 违反本法规定,在水土保持方案确定的专门存放地以外的区域倾倒砂、石、土、矸石、尾矿、废渣等的,由县级以上地方人民政府水行政主管部门责令停止违法行为,限期清理,按照倾倒数量处每立方米十元以上二十元以下的罚款;逾期仍不清理的,县级以上地方人民政府水行政主管部门可以指定有清理能力的单位代为清理,所需费用由违法行为人承担。

第五十六条 违反本法规定,开办生产建设项目或者从事其他生产建设活动造成水土流失,不进行治理的,由县级以上人民政府水行政主管部门责令限期治理;逾期仍不治理的,县级以上人民政府水行政主管部门可以指定有治理能力的单位代为治理,所需费用由违法行为人承担。

第五十七条 违反本法规定,拒不缴纳水土保持补偿费的,由县级以上人民政府水行政主管部门责令限期缴纳;逾期不缴纳的,自滞纳之日起按日加收滞纳部分万分之五的滞纳金,可以处应缴水土保持补偿费三倍以下的罚款。

第五十八条 违反本法规定,造成水土流失危害的,依法承担民事责任;构成违反治安管理行为的,由公安机关依法给予治安管理处罚;构成犯罪的,依法追究刑事责任。

第七章 附 则

第五十九条 县级以上地方人民政府根据当地实际情况确定的负责水土保持工作的机构,行使本法规定的水行政主管部门水土保持工作的职责。

第六十条 本法自 2011 年 3 月 1 日起施行。

附录二　中华人民共和国水土保持法实施条例

（1993年8月1日中华人民共和国国务院令第120号发布　根据2011年1月8日国务院令第588号《国务院关于废止和修改部分行政法规的决定》修订）

第一章　总　则

第一条　根据《中华人民共和国水土保持法》（以下简称《水土保持法》）的规定，制定本条例。

第二条　一切单位和个人都有权对有下列破坏水土资源、造成水土流失的行为之一的单位和个人，向县级以上人民政府水行政主管部门或者其他有关部门进行检举：

（一）违法毁林或者毁草场开荒，破坏植被的；

（二）违法开垦荒坡地的；

（三）向江河、湖泊、水库和专门存放地以外的沟渠倾倒废弃砂、石、土或者尾矿废渣的；

（四）破坏水土保持设施的；

（五）有破坏水土资源、造成水土流失的其他行为的。

第三条　水土流失防治区的地方人民政府应当实行水土流失防治目标责任制。

第四条　地方人民政府根据当地实际情况设立的水土保持机构，可以行使《水土保持法》和本条例规定的水行政主管部门对水土保持工作的职权。

第五条　县级以上人民政府应当将批准的水土保持规划确定的任务，纳入国民经济和社会发展计划，安排专项资金，组织实施，并可以按照有关规定，安排水土流失地区的部分扶贫资金、以工代赈资金和农业发展基金等资金，用于水土保持。

第六条　水土流失重点防治区按国家、省、县三级划分，具体范围由县级以上人民政府水行政主管部门提出，报同级人民政府批准并公告。

水土流失重点防治区可以分为重点预防保护区、重点监督区和重点治理区。

第七条　水土流失严重的省、自治区、直辖市，可以根据需要，设置水土保持中等专业学校或者在有关院校开设水土保持专业。中小学的有关课程，应当包含水土保持方面的内容。

第二章　预　防

第八条　山区、丘陵区、风沙区的地方人民政府，对从事挖药材、养柞蚕、烧木炭、烧砖瓦等副业生产的单位和个人，必须根据水土保持的要求，加强管理，采取水土保持措施，防止水土流失和生态环境恶化。

第九条　在水土流失严重、草场少的地区，地方人民政府及其有关主管部门应当采取措施，推行舍饲，改变野外放牧习惯。

第十条　地方人民政府及其有关主管部门应当因地制宜，组织营造薪炭林，发展小水电、风力发电，发展沼气，利用太阳能，推广节能灶。

第十一条　《水土保持法》施行前已在禁止开垦的陡坡地上开垦种植农作物的，应当在平地或者缓坡地建设基本农田，提高单位面积产量，将已开垦的陡坡耕地逐步退耕，植树种草；退耕确有困难的，由县级人民政府限期修成梯田，或者采取其他水土保持措施。

第十二条 依法申请开垦荒坡地的，必须同时提出防止水土流失的措施，报县级人民政府水行政主管部门或者其所属的水土保持监督管理机构批准。

第十三条 在林区采伐林木的，采伐方案中必须有采伐区水土保持措施。林业行政主管部门批准采伐方案后，应当将采伐方案抄送水行政主管部门，共同监督实施采伐区水土保持措施。

第十四条 在山区、丘陵区、风沙区修建铁路、公路、水工程，开办矿山企业、电力企业和其他大中型工业企业，其环境影响报告书中的水土保持方案，必须先经水行政主管部门审查同意。

在山区、丘陵区、风沙区依法开办乡镇集体矿山企业和个体申请采矿，必须填写"水土保持方案报告表"，经县级以上地方人民政府水行政主管部门批准后，方可申请办理采矿批准手续。

建设工程中的水土保持设施竣工验收，应当有水行政主管部门参加并签署意见。水土保持设施经验收不合格的，建设工程不得投产使用。

水土保持方案的具体报批办法，由国务院水行政主管部门会同国务院有关主管部门制定。

第十五条 《水土保持法》施行前已建或者在建并造成水土流失的生产建设项目，生产建设单位必须向县级以上地方人民政府水行政主管部门提出水土流失防治措施。

第三章 治 理

第十六条 县级以上地方人民政府应当组织国有农场、林场、牧场和农业集体经济组织及农民，在禁止开垦坡度以下的坡耕地，按照水土保持规划，修筑水平梯田和蓄水保土工程，整治排水系统，治理水土流失。

第十七条 水土流失地区的集体所有的土地承包给个人使用的，应当将治理水土流失的责任列入承包合同。当地乡、民族乡、镇的人民政府和农业集体经济组织应当监督承包合同的履行。

第十八条 荒山、荒沟、荒丘、荒滩的水土流失，可以由农民个人、联户或者专业队承包治理，也可以由企业事业单位或者个人投资投劳入股治理。

实行承包治理的，发包方和承包方应当签订承包治理合同。在承包期内，承包方经发包方同意，可以将承包治理合同转让给第三者。

第十九条 企业事业单位在建设和生产过程中造成水土流失的，应当负责治理。因技术等原因无力自行治理的，可以交纳防治费，由水行政主管部门组织治理。防治费的收取标准和使用管理办法由省级以上人民政府财政部门、主管物价的部门会同水行政主管部门制定。

第二十条 对水行政主管部门投资营造的水土保持林、水源涵养林和防风固沙林进行抚育和更新性质的采伐时，所提取的育林基金应当用于营造水土保持林、水源涵养林和防风固沙林。

第二十一条 建成的水土保持设施和种植的林草，应当按照国家技术标准进行检查验收；验收合格的，应当建立档案，设立标志，落实管护责任制。

任何单位和个人不得破坏或者侵占水土保持设施。企业事业单位在建设和生产过程中损坏水土保持设施的，应当给予补偿。

第四章 监 督

第二十二条 《水土保持法》第二十九条所称水土保持监测网

络,是指全国水土保持监测中心,大江大河流域水土保持中心站,省、自治区、直辖市水土保持监测站以及省、自治区、直辖市重点防治区水土保持监测分站。

水土保持监测网络的具体管理办法,由国务院水行政主管部门制定。

第二十三条 国务院水行政主管部门和省、自治区、直辖市人民政府水行政主管部门应当定期分别公告水土保持监测情况。公告应当包括下列事项:

(一)水土流失的面积、分布状况和流失程度;

(二)水土流失造成的危害及其发展趋势;

(三)水土流失防治情况及其效益。

第二十四条 有水土流失防治任务的企业事业单位,应当定期向县级以上地方人民政府水行政主管部门通报本单位水土流失防治工作的情况。

第二十五条 县级以上地方人民政府水行政主管部门及其所属的水土保持监督管理机构,应当对《水土保持法》和本条例的执行情况实施监督检查。水土保持监督人员依法执行公务时,应当持有县级以上人民政府颁发的水土保持监督检查证件。

第五章 法律责任

第二十六条 依照《水土保持法》第三十二条的规定处以罚款的,罚款幅度为非法开垦的陡坡地每平方米1元至2元。

第二十七条 依照《水土保持法》第三十三条的规定处以罚款的,罚款幅度为擅自开垦的荒坡地每平方米0.5元至1元。

第二十八条 依照《水土保持法》第三十四条的规定处以罚款的,罚款幅度为500元以上、5000元以下。

第二十九条 依照《水土保持法》第三十五条的规定处以罚款的，罚款幅度为造成的水土流失面积每平方米 2 元至 5 元。

第三十条 依照《水土保持法》第三十六条的规定处以罚款的，罚款幅度为 1000 元以上、1 万元以下。

第三十一条 破坏水土保持设施，尚不够刑事处罚的，由公安机关依照《中华人民共和国治安管理处罚法》的有关规定予以处罚。

第三十二条 依照《水土保持法》第三十九条第二款的规定，请求水行政主管部门处理赔偿责任和赔偿金额纠纷的，应当提出申请报告。申请报告应当包括下列事项：

（一）当事人的基本情况；

（二）受到水土流失危害的时间、地点、范围；

（三）损失清单；

（四）证据。

第三十三条 由于发生不可抗拒的自然灾害而造成水土流失时，有关单位和个人应当向水行政主管部门报告不可抗拒的自然灾害的种类、程度、时间和已采取的措施等情况，经水行政主管部门查实并作出"不能避免造成水土流失危害"认定的，免予承担责任。

第六章 附 则

第三十四条 本条例由国务院水行政主管部门负责解释。

第三十五条 本条例自发布之日起施行。

附录三　江西省实施《中华人民共和国水土保持法》办法

（1994年4月16日江西省第八届人民代表大会常务委员会第八次会议通过　1996年12月20日江西省第八届人民代表大会常务委员会第二十五次会议第一次修正　2010年9月17日江西省第十一届人民代表大会常务委员会第十八次会议第二次修正　2012年7月26日江西省第十一届人民代表大会常务委员会第三十二次会议修订　2018年5月31日江西省第十三届人民代表大会常务委员会第三次会议第三次修正）

目　录

第一章　总　则
第二章　规　划
第三章　预　防
第四章　治　理
第五章　检测和监督
第六章　法律责任
第七章　附　则

第一章　总　则

第一条　为了预防和治理水土流失，保护和合理利用水土资源,减轻水、旱、风沙灾害,改善生态环境,保障经济社会可持续发展,根据《中华人民共和国水土保持法》的规定,结合本省实际,制定本办法。

第二条 在本省行政区域内开展水土保持工作,或者从事可能造成水土流失的自然资源开发利用、生产建设及其他活动,应当遵守《中华人民共和国水土保持法》和本办法。

第三条 水土保持工作实行预防为主、保护优先、全面规划、综合治理、因地制宜、突出重点、科学管理、注重效益的方针,坚持谁开发利用水土资源谁负责保护、谁造成水土流失谁负责治理的原则。

第四条 县级以上人民政府应当加强对水土保持工作的统一领导,将水土保持工作纳入本级国民经济和社会发展规划,对水土保持规划确定的任务,安排专项资金,并组织实施。在水土流失重点预防区和重点治理区,按照国家和省有关规定多渠道筹集资金,用于水土保持工作。

水土流失重点预防区和重点治理区的县级以上人民政府,应当每年向本级人民代表大会常务委员会和上一级人民政府水行政主管部门分别报告水土保持工作。

在水土流失重点预防区和重点治理区,实行各级人民政府水土保持目标责任制和考核奖惩制度。

第五条 县级以上人民政府水行政主管部门主管本行政区域的水土保持工作,具体职责是:

(一)组织宣传和实施有关水土保持的法律、法规和政策,查处水土保持违法行为;

(二)进行水土流失勘测、普查,会同有关部门编制水土保持规划并组织实施;

（三）负责审批并监督生产建设单位实施水土保持方案；

（四）负责水土保持工作综合协调和监督，建立和完善水土保持监测网络，监测、预报本地区水土流失动态；

（五）负责组织实施水土流失综合治理、生态修复；

（六）负责水土保持经费的管理和使用，收取水土保持补偿费；

（七）组织开展水土保持宣传教育、科学研究、人才培训和技术推广工作；

（八）法律、法规规定的其他职责。

县级以上人民政府发展改革、工业和信息化、财政、农业、林业、国土资源、环境保护、交通运输、住房和城乡建设、气象等有关部门按照各自职责，依法做好水土流失预防和治理的有关工作。

乡镇的水土保持工作，由乡镇人民政府负责，日常工作由乡镇水务站或者水利（水保）站负责。

第六条 各级人民政府及其有关部门，应当重视并开展水土保持宣传和教育工作，普及水土保持科学知识，增强公众的水土保持意识。

第七条 任何单位和个人都有保护水土资源、预防和治理水土流失的义务，并有权对破坏水土资源、造成水土流失的行为进行举报。

第八条 有下列情形之一的单位和个人，由县级以上人民政府给予表彰、奖励：

（一）预防和治理水土流失取得显著成绩的；

（二）热心水土保持事业，支持和推动水土保持工作有突出贡献的；

（三）在水土保持监测、知识普及与教育、科学研究和科研成果推广中成绩突出的。

第二章 规 划

第九条 水土保持规划应当在水土流失调查结果以及水土流失重点预防区和重点治理区划定的基础上,遵循统筹协调、分类指导的原则编制,并与土地利用总体规划、水资源规划、城乡规划和环境保护规划等相协调。

第十条 省人民政府水行政主管部门负责全省水土流失调查并公告结果,公告前应当将调查结果报国务院水行政主管部门备案。全省水土流失调查应当每五年开展一次,特殊情况下可以适时开展。

水土流失调查结果公告应当包含下列主要内容:

(一)水土流失面积、侵蚀类型、分布状况和流失程度;

(二)水土流失成因、危害及其趋势;

(三)水土流失防治情况及其效益。

第十一条 县级以上人民政府水行政主管部门应当会同同级人民政府有关部门,依据水土流失调查结果以及上级水土流失重点预防区和重点治理区划定结果,提出本级水土流失重点预防区和重点治理区,报本级人民政府划定并公告。

水土流失潜在危险较大,对防洪安全、水资源安全和生态安全有重大影响的主要江河源头区、水源涵养区、饮用水水源区等,应当划定为水土流失重点预防区。

人口密度较大,自然条件恶劣,生态环境恶化,水旱风沙灾害严重,崩塌、滑坡危险区和泥石流易发区等水土流失严重的区域,应当划定为水土流失重点治理区。

第十二条 水土保持规划的内容应当包括水土流失状况、水土流失类型区划分、水土流失防治目标、任务和措施等。

水土保持规划包括对流域或者区域预防和治理水土流失、保护和合理利用水土资源作出的整体部署，以及根据整体部署对水土保持专项工作或者特定区域预防和治理水土流失作出的专项部署。

编制水土保持规划，应当采取座谈会、论证会、听证会或者发布信息、印发调查问卷等多种形式征求专家和公众的意见。

第十三条 县级以上人民政府水行政主管部门会同同级人民政府有关部门编制水土保持规划，报本级人民政府批准后，由水行政主管部门组织实施。

跨行政区域的水土保持规划应当由其共同的上一级人民政府水行政主管部门会同同级人民政府有关部门编制，报本级人民政府批准后，由水行政主管部门组织实施。

水土保持规划一经批准，应当严格执行；确需修改的，应当按照规划编制程序报原批准机关批准。

第十四条 有关基础设施建设、工业园区建设、农业开发、果业开发、矿产资源开发、城镇建设、旅游景区建设、公共服务设施建设等方面的规划，在实施过程中可能造成水土流失的，规划的组织编制机关应当分析论证规划所涉及的项目对水土资源、生态环境的影响，并在规划中提出水土流失预防和治理的对策和措施；有关规划在报请审批前，应当征求本级人民政府水行政主管部门的意见。

第三章 预 防

第十五条 各级人民政府应当按照水土保持规划，采取封育保护、自然修复等措施，组织单位和个人植树造林，扩大森林覆盖面积，提高森林质量；鼓励种草，增加和保护植被；开发和节约农村能源，减少薪炭林的砍伐，预防和减轻水土流失。

第十六条 各级人民政府应当加强对取土、挖砂、采石的管理,统筹规划取土、挖砂、采石地点,规范取土、挖砂、采石行为,预防和减轻水土流失。

禁止在崩塌、滑坡危险区和泥石流易发区从事取土、挖砂、采石等可能造成水土流失的活动。崩塌、滑坡危险区和泥石流易发区的范围,由县级以上人民政府划定并公告。崩塌、滑坡危险区和泥石流易发区的划定,应当与地质灾害防治规划确定的地质灾害易发区、重点防治区相衔接。

第十七条 水土流失严重、生态脆弱的地区,应当限制或者禁止可能造成水土流失的自然资源开发和生产建设活动,严格保护植物、沙壳、结皮、地衣等。

在侵蚀沟的沟坡和沟岸、河流的两岸和湖泊、水库的周边,土地所有权人、使用权人或者有关管理单位应当根据当地自然条件营造植物保护带。禁止开垦、开发植物保护带。

第十八条 水土保持设施的所有权人、使用权人或者有关管理单位应当加强对水土保持设施的管理与维护,落实管护责任,保障其功能正常发挥。

前款所称水土保持设施,是指有水土保持功能的所有人工建筑物和人工植被的总称,包括:

(一)梯田、地埂、截流沟、蓄水沟、沟边埂、排灌渠(沟)、沉砂池、蓄水池和沟头防护等构筑物;

(二)拦渣坝、拦沙坝、尾矿坝、谷坊、池塘、护堤(坡)、拦(挡)渣(土)墙等工程;

(三)水土保持林草及植物埂、水平沟、鱼鳞坑等;

(四)监测网点和科研试验、示范场地等;

(五)其他水土保持设施。

第十九条 禁止在二十五度以上的陡坡地开垦种植农作物或者

全垦造林。

在二十五度以上陡坡地种植油茶、果品等经济林的，县级以上人民政府农业、林业等主管部门应当指导种植者科学选择树种，合理确定规模，采取修建截水沟、蓄水池、排水沟、等高水平条带、边坡种草、梯地、水平台地或者横垄种植法等水土保持措施，尽量保留原有植被，防止造成水土流失。

第二十条 在二十五度以下、五度以上的荒坡地开垦种植农作物，应当采取修建水平梯田、坡面水系整治、蓄水保土耕作等水土保持措施。

在二十五度以下、五度以上水土流失严重的坡地上整地造林，应当采取修建水平梯田、水平台地、鱼鳞坑、竹节水平沟和等高水平条带等水土保持措施。

在原有植被条件好、水土流失轻微的五度以上的坡地上整地造林，应当尽量保留原有植被，并采取相应的水土保持措施。

第二十一条 生产建设项目选址、选线应当避让水土流失重点预防区和重点治理区；无法避让的，应当征求有管辖权的水行政主管部门的意见，提高水土流失防治标准，减少工程永久或者临时占地面积，加强工程管理，优化施工工艺，减少地表扰动和植被损坏范围，有效控制可能造成的水土流失。

第二十二条 在山区、丘陵区、风沙区以及水土保持规划确定的容易发生水土流失的其他区域，开办可能造成水土流失的生产建设项目，生产建设单位应当编制水土保持方案，报县级以上人民政府水行政主管部门审批。依法应当编制水土保持方案的生产建设项目，未编制水土保持方案或者水土保持方案未经水行政主管部门批准的，不得开工建设。

前款规定可能造成水土流失的生产建设项目的范围，由省人民政府水行政主管部门按照国家规定确定,并报省人民政府同意后公布。

经批准的水土保持方案,因生产建设项目的地点、规模发生重大变化的,应当按照国家和省有关规定补充或者修改,并报原审批机关批准。水土保持方案实施过程中,水土保持措施需要作出重大变更的,应当经原审批机关批准。

生产建设项目水土保持方案的编报和审批,依据国务院水行政主管部门制定的编制和审批办法执行。

第二十三条 依法应当编制水土保持方案的生产建设项目中的水土保持设施,应当与主体工程同时设计、同时施工、同时投产使用;生产建设项目竣工验收,应当验收水土保持设施;水土保持设施未经验收或者验收不合格的,生产建设项目不得投产使用。

第二十四条 县级以上人民政府水行政主管部门应当对生产建设项目水土保持方案的实施情况进行跟踪检查,在检查中发现水土保持措施不落实,水土保持设施设计、施工质量不符合规定,以及存在水土流失隐患时,应当及时处理。

第四章 治 理

第二十五条 县级以上人民政府应当根据水土保持规划,组织有关部门和单位,以小流域为单元,有计划地对水土流失进行综合治理。水土流失的治理应当与开发利用水土资源、发展生产相结合,注重生态、经济、社会效益。

第二十六条 县级以上人民政府水行政主管部门应当加强对水土保持重点工程的建设管理,建立和完善运行管护制度,明确管护主体和管护责任,保证水土保持重点工程安全运行和正常发挥效益。

第二十七条 开办生产建设项目或者从事其他生产建设活动造

成水土流失的,应当进行治理。

在山区、丘陵区、风沙区以及水土保持规划确定的容易发生水土流失的其他区域,开办生产建设项目或者从事其他生产建设活动,损坏水土保持设施、地貌植被,不能恢复原有水土保持功能的,应当依法缴纳水土保持补偿费,专项用于水土流失预防和治理。专项水土流失预防和治理,由水行政主管部门负责组织实施。水土保持补偿费的收取使用管理,依据国务院和省人民政府财政、价格、水行政主管部门的有关规定执行。

生产建设项目在建设过程中和生产过程中发生的水土保持费用,按照经批准的水土保持方案确定的预算,在基本建设投资或者生产费用中专项列支。

第二十八条 荒山、荒沟、荒丘、荒滩的水土流失,可以由当地人民政府组织统一治理,也可以由农业集体经济组织、农民个人、联户或者专业队承包治理,还可以由企业事业单位或者个人投资投劳入股治理。有条件的地方,可以引进外资开发治理。

签订承包治理合同时,应当明确规定治理范围、治理标准、承包期限、双方的权利义务及违约责任等。

第二十九条 使用水土保持经费进行小流域水土流失治理的,应当实行项目审批制度,建立技术档案,填图验收,设立标志。

第三十条 已经在二十五度以上的陡坡地上开垦种植农作物的,应当按照国家有关规定退耕,植树种草。

已经在二十五度以上的陡坡地上全垦种植油茶、果品等经济林的,应当采取修建水平梯田、蓄排水系统、地面及坡面植草等水土保持措施。

已经在二十五度以下的坡耕地上开垦种植农作物的,应当按照下列规定,分别采取不同的水土保持措施:

（一）在二十五度以下、五度以上的，采取以修建水平梯田、坡面水系整治为主，保土耕作、退耕为辅的水土保持措施；

（二）在五度以下的，采取以保土耕作为主的水土保持措施。

第三十一条 从事生产建设活动，应当减少地表扰动范围，分层剥离地表土并专门堆放保存，用于恢复植被或者复耕，堆放地表土应当采取防止流失措施；土石方挖填保持平衡和减少动土量；对废弃的砂、石、土、矸石、尾矿、废渣等存放地，应当采取拦挡、坡面防护、防洪排导等措施；对废弃的砂、石、土、矸石、尾矿、废渣等，应当尽量安排在非汛期予以处理。生产建设活动结束后，应当及时在取土场、开挖面和存放地的裸露土地上植树种草，恢复植被或者复垦。

第三十二条 鼓励和支持在容易发生水土流失的区域，采取下列有利于水土保持的措施：

（一）免耕、等高耕作、轮耕轮作、间作套种、节水灌溉、秸秆还田、种植绿肥、果园种草、田坎种草、田埂种草等；

（二）封禁抚育、轮封轮牧、舍饲圈养；

（三）发展沼气、节柴灶，利用太阳能、风能和水能，以煤、电、气代替薪柴等；

（四）其他有利于水土保持的措施。

第三十三条 县级以上人民政府应当根据国家规定，加强江河源头区、饮用水水源区和水源涵养区水土流失的预防和治理工作，建立水土保持生态补偿机制，多渠道筹集水土保持专项资金，积极开展水土流失防治工作。

第五章 监测和监督

第三十四条 省人民政府水行政主管部门应当完善水土保持监

测网络，科学规划、合理设置水土保持监测站点，对全省水土流失进行动态监测，并定期对下列事项进行公告：

（一）水土流失类型、面积、强度、分布状况和变化趋势；

（二）水土流失造成的危害；

（三）水土流失预防和治理情况。

第三十五条 对可能造成严重水土流失的大中型生产建设项目，生产建设单位应当加强对水土流失的监测，并将监测情况定期报当地水行政主管部门；不具备监测条件和能力的，应当委托具备水土保持监测资质的机构，对生产建设活动造成的水土流失进行监测。

从事水土保持监测活动应当遵守国家有关技术标准、规范和规程，进行实地监测，保证监测质量。

第三十六条 县级以上人民政府水行政主管部门负责对水土保持情况进行监督检查。

水行政监督检查人员依法履行监督检查职责时，不得少于两人，并应当出示执法证件。被检查单位或者个人对水土保持监督检查工作应当予以配合。

第三十七条 水行政监督检查人员依法履行监督检查职责时，有权采取下列措施：

（一）要求被检查单位或者个人提供有关文件、证照、资料；

（二）要求被检查单位或者个人就预防和治理水土流失的有关情况作出说明；

（三）进入现场进行调查、取证。

水行政监督检查人员在监督检查中发现被检查单位或者个人正在从事违反《中华人民共和国水土保持法》或者本办法规定行为的，有权责令其立即停止。被检查单位或者个人拒不停止违法行为,造成严重水土流失的,报经县级以上人民政府水行政主管部门批准,水行政监督检查人员可以查封、扣押实施违法行为的工具及施工机械、设备等。

查封、扣押的期限不得超过三十日;情况复杂确需延长查封、扣押期限的,经水行政主管部门主要负责人批准,可以延长,但是延长期限不得超过三十日。

第六章 法律责任

第三十八条 水行政主管部门或者其他有关部门及其工作人员,有下列情形之一的,由有关部门按照管辖权限对直接负责的主管人员和其他直接责任人员依法给予处分:

(一)不依法作出行政许可决定或者办理批准文件的;

(二)发现违法行为或者接到对违法行为的举报不予查处的;

(三)其他未依照本办法规定履行职责的。

第三十九条 违反本办法第十六条第二款规定,在崩塌、滑坡危险区或者泥石流易发区从事取土、挖砂、采石等可能造成水土流失活动的,由县级以上人民政府水行政主管部门责令停止违法行为,没收违法所得,并按照取土、挖砂、采石的数量处以罚款:

(一)对个人取土、挖砂、采石累计二十立方米以下的,处一千元的罚款;二十立方米以上五十立方米以下的,处一千元以上三千元以下的罚款;五十立方米以上的,处三千元以上一万元以下的罚款。

(二)对单位取土、挖砂、采石累计一百立方米以下的,处二万元的罚款;一百立方米以上一千立方米以下的,处二万元以上十万元以下的罚款;一千立方米以上的,处十万元以上二十万元以下的罚款。

第四十条 违反本办法第十七条、第十九条规定,在禁止开垦、开发的植物保护带内开垦、开发或者在二十五度以上陡坡地开垦种植农作物的，由县级以上人民政府水行政主管部门责令停止违法行为，采取退耕、恢复植被等补救措施；按照开垦或者开发面积，可以处以罚款：

（一）对个人开垦、开发面积一千平方米以下的，处每平方米一元的罚款；一千平方米以上五千平方米以下的，处每平方米一元以上一点五元以下的罚款；五千平方米以上的，处每平方米一点五元以上二元以下的罚款。

（二）对单位开垦、开发面积在一万平方米以下的，处每平方米二元的罚款；一万平方米以上五万平方米以下的，处每平方米二元以上五元以下的罚款；五万平方米以上的，处每平方米五元以上十元以下的罚款。

违反本办法规定，毁林开垦的，依照《中华人民共和国森林法》的有关规定处罚。

第四十一条 违反本办法第二十二条规定，有下列行为之一的，由县级以上人民政府水行政主管部门责令停止违法行为，限期补办手续；逾期不补办手续的，处五万元以上五十万元以下的罚款；对生产建设单位直接负责的主管人员和其他直接责任人员依法给予处分：

（一）依法应当编制水土保持方案的生产建设项目，未编制水土保持方案或者编制的水土保持方案未经批准而开工建设的；

（二）生产建设项目的地点、规模发生重大变化，未补充、修改水土保持方案或者补充、修改的水土保持方案未经原审批机关批准的；

（三）水土保持方案实施过程中，未经原审批机关批准，对水土保持措施作出重大变更的。

第四十二条 违反本办法第二十三条规定，水土保持设施未经验收或者验收不合格将生产建设项目投产使用的，由县级以上人民政府水行政主管部门责令停止生产或者使用，直至验收合格，并按照下列规定处以罚款：

（一）水土保持设施未经验收，生产建设项目投产使用的，处五万元以上五十万元以下的罚款；

（二）水土保持设施验收不合格，生产建设项目投产使用的，处二十万元以上五十万元以下的罚款；

（三）拒不验收水土保持设施的生产建设项目，处四十万元以上五十万元以下的罚款。

第四十三条 违反本办法第三十一条规定，在水土保持方案确定的专门存放地以外的区域倾倒砂、石、土、矸石、尾矿、废渣等的，由县级以上人民政府水行政主管部门责令停止违法行为，限期清理，并按照倾倒数量处以罚款：

（一）倾倒数量累计在五十立方米以下的，处每立方米十元的罚款；

（二）倾倒数量累计在五十立方米以上五百立方米以下的，处每立方米十元以上十五元以下的罚款；

（三）倾倒数量累计在五百立方米以上的，处每立方米十五元以上二十元以下的罚款。

第七章 附 则

第四十四条 县级以上人民政府根据当地实际情况确定的负责水土保持工作的机构，行使本办法规定的水行政主管部门水土保持工作的职责。

第四十五条 本办法自2012年9月1日起施行。